信用

入江慎也

Shinya Irie

新潮社

はじめに

この本を手に取ってくださって、ありがとうございます。

僕が吉本興業を契約解除になったのは、二〇一九年六月四日のこと。もう三年以上も経ってしまいました。

この間、いくつもの出版社から「あの騒動を語ってほしい」「真相を本にしてほしい」という依頼を受けました。メールや電話や、熱意溢れるお手紙まで送ってくださった出版社もありました。

それまで、幸せなことに七冊の本を出させてもらっていましたが、いつも自分で企画書を作り、「本を出させてくれませんか?」と動いてまわっていました。

元芸人となり、一般人となって初めて、熱烈なオファーをいただくことになるとは夢にも思っていませんでした。

でも、その熱烈さは僕に向けられたものではなく、一連の騒動についての「暴露」のようなものに対してだったのだと思います。

結局、そういったオファーに応えることのないまま、時間だけがあっという間に過ぎていきました。この間に、事実関係についてはすでに報道され尽くされ、もう語るべきことはない、というのが実際のところです。

騒動が起こってから、僕を取り巻く環境は目まぐるしく変わっていきました。

人の目が怖くて外にも出られず、芸人という人生も失って、真っ暗闇の中をさまよい続けているような日々でした。

それは、尊敬してやまない先輩や大切な芸人仲間を巻き込み、たくさんの人の人生を変えてしまったのですから、当然の報いです。

僕が直接、関係した方々だけでなく、芸人さんたちの周囲の方々、ご家族やスタッフ、ファンの皆様のことも不快な思いにさせたり、不安や喪失感を与えてしまったり、涙させてしまったこともきっと僕が想像する以上にたくさんあるに違いありません。

そう考えると、真っ暗闇の中、出口を探すことすら許されないように思えてなりませんでした。

今でも求める出口がどこにあるのか、「わかった」とは正直言えませんが、それでも少しずつ顔を上げて、それらしき方向へと動き出すことができるようになりました。

それは、たくさんの人のおかげです。

また人脈に頼ったのではないか、同じことの繰り返しではないかと、思う方もいらっしゃることと思います。

そうなのかもしれないし、そうではないかもしれません。そうではないことを、これからの僕の人生で証明していく他はありません。

人脈というものについて、僕がどこでどう間違えてしまったのか、そもそも人との向き合い方とはどういうものなのか、残念ながら今はまだ、胸を張って言えるような「答え」らしいものには辿り着けていません。

けれど、これまでとは違う形で、正面から人と向き合い、悩み、考え続けることで、いつか何かを見出せるはずだと信じています。

ここ最近になり、ようやく当時のことを冷静に振り返ることができるようになってきました。

本当は目を逸らしたままでいたかった僕の大きな過ちの正体のようなものも少しずつ見えてきたように思います。

それらを振り返り、つぶさにお伝えすることで、皆様の人生に役立てていただけることが多少なりともあれば幸いです。

信用　目次

カバー・本文写真　平野光良（新潮社写真部）
取材・構成　秦まゆな

第一章　さよなら、芸人人生

『友だち5000人芸人』

二〇二三年、僕は清掃の仕事をしている。会社や店舗などを担当することが多いが、個人宅にうかがうこともある。

依頼主であるお客様のリクエストに応え、油だらけの換気扇やカビが生えてしまった浴室などをきれいにする。

「わあ、こんなにきれいになるんですね。どうもありがとうございます！」

ピカピカに磨き上げた場所を見せると、お客様はとびきりの笑顔を見せてくれる。清掃は肉体的にはきついけれど、そういう笑顔と感謝をもらえる仕事だ。

いつも、お客様の笑顔を思い出しながら帰路につく。

ある日、ふと気がついた。

「もしかしたら、芸人だったときよりも、今のほうが笑顔をもらえているかもしれない」

意外に思われるかもしれないが、事実なのだ。そして、その理由も今の僕にはわかり過ぎるほどわかっている。

吉本興業を契約解除になる前の数年間、僕は『友だち5000人芸人』と呼ばれていた。

二〇一一年に、『笑っていいとも!』の番組内で「他では聞けない芸能ニュース 友達5000人! 入江のイリスポ!」というレギュラーコーナーができたり、二〇一三年からは『IRIE CONNECTION』というフェスイベントを三年連続で主催したり、ビジネス本を出版したり、お笑いコンビ・カラテカとしてのネタよりも、僕個人でとにかく人脈が広いことを武器に活動していた。

テレビに呼ばれて求められるのは、ほぼ人脈の話。どんな人とつながっているか、日々どんなふうに人脈を広げているかがそのまま仕事になった。

そのため、毎晩、飲み会に参加するのは当たり前。ひと晩に二件、三件と掛け持ちし、朝まで飲み歩くこともざらだった。

夜だけじゃない、社長さんやエリートサラリーマンが集まる朝活やランチ会にも出かけた。「紹介したい人がいるんだけど」と言われれば、日本中どこへでも駆け付けた。

そうして知り合った方々とのお付き合いの中で、「うちの会社をもっと若者にアピールする方法はないですかね？」「新商品をPRしたいんですけど、どんなタレントさんがイメージキャラクターに合うと思います？」といった、ビジネスに関する相談をいただくことが増え始めた。

「月に一回、会議に出てくれませんか？」といった依頼を様々な企業から受けるようにもなった。

当時、人脈に関する講演の依頼も多くあり、お付き合いのある企業以外にも、青年会議所や商工会議所など、日本全国、様々な団体からお声をかけていただけるようになっていた。

そうした講演活動はすべて、吉本興業を通じて受けていたが、月に一回、会議に出るというような「表に出て、芸人として話す」形ではない仕事は、依頼への向き合い方や内容において「芸人としての仕事」とは区別して考えるようになった。

二〇一五年、僕は吉本興業と相談して、株式会社イリエコネクションを設立した。

カラテカ入江が芸人として表に出ない仕事は、吉本興業から受ける仕事と線を引き、イリエコネクションの仕事としてお受けし、管理することにしたのだ。

吉本興業は僕が会社をつくることに寛容で、芸人以外の分野で仕事をすることもすんなり認めてくれた。

僕としても、芸人として以外に仕事ができる環境が整ったことはとてもうれしいことだった。

イリエコネクションとしてのビジネスは僕にとって、不安定な芸能界で大好きな芸人という仕事を続けていく上での金銭的な保険であり、安心材料にもなった。そこで経験したことが、芸人としての仕事につながることも増えていった。

ただ、この「芸人」と「ビジネス」という二足のわらじが、両者の境界を曖昧にした。僕の中でどんどん都合のいい解釈がなされていき、人脈についての考え方が歪んでいくきっかけになったように思う。

芸人を続けていくためにつくったイリエコネクションが、芸人を続けられなくなる原因につながったというのは皮肉な話だ。

芸人とビジネス

芸人の仕事とビジネスの中間点にあったのが、お付き合いのあった企業の方からお声がけいただくパーティーやイベントへの参加だった。

規模や形態もさまざまで、企業の忘年会の司会や余興から、社員の方々の飲み会やバーベキュー大会などへの参加といったものまであった。

依頼が増えていくにつれ、僕以外にも複数の芸人に参加してほしいという案件が出てくるようになった。僕は事務所を通さず、直接、芸人本人を誘った。多くは仲のいい後輩芸人だった。

当時の僕は深く考えることなく、芸人としての顔と、経営者としての顔を都合よく使い分けていた。こうした依頼に対しても、経営者としての「人脈づくり」が頭にありつつ、「後輩たちと一緒に食事をごちそうになる」という芸人的な感覚もあった。

ただ、僕と後輩たちの場を盛り上げるための阿吽の呼吸や、周囲への気遣い、動きなどが、飲み会や接待に慣れていない若手社員のいい勉強になるようだった。

「若手の意識が変わりましたよ」と、感謝されることもたびたびあり、社長さんつながりの口コミで、いろんな飲み会に呼ばれるようにもなっていった。

事務所は公認していないが、このように個人で受ける「直営業」というものが芸人の間には密かにあった。それを「イジる」ニュアンスを込めて、「闇営業」と呼ぶこともあった。

だが、「闇営業」と言われても、僕には直営業が悪いことだという認識はなかった。人脈がつくれて、おいしいものが食べられて、ギャラももらえて、後輩たちも喜んでくれる。依頼してくださった企業の方々も楽しんでくれる。

僕は単純に「こうして人と人をつなぐことができるっていいなあ」と喜びを感じていた。自分はいいことをしているのだとさえ思っていた。

契約解除

そんなふうに人脈づくりを続けていた二〇一九年六月。

二〇一四年に行った忘年会を主催していたのが反社会的勢力であったことが報道されることになった。僕がその忘年会に誘った先輩、後輩は次々と吉本興業に呼ばれ、事情を聞かれていった。

「事情」といっても皆、それがどういう会社で、どういう人たちの集まりかもそもそも把握していなかった。皆、僕を信用してくれていて、僕が誘ったから来てくれただけだった。

僕自身もその主催者については、仲介を受けた広告代理店の方から「エステティックサロンの経営や健康食品の販売をしている会社」と紹介されていた。

どうして五年も前のことが報道されることになったのかも、よくわからなかった。

僕はロンドンブーツ1号2号の田村亮さんが主宰する田村亮一座のメンバーで、月に一度、新宿にあるルミネtheよしもとの舞台にレギュラー出演させてもらっていた。

僕がいよいよ吉本興業に呼び出された日は、田村亮一座の公演日だった。

舞台を終え、「これから吉本に行ってきます」と言った僕を、亮さんは、

「そうか。皆、事情を聞かれただけやから、お前もきっと大丈夫や。終わったら電話くれな」

と送り出してくれた。

その言葉はありがたかったが、僕に誘われて忘年会に行った芸人と、彼らを誘った僕ではそもそもの事情が違う。「謹慎と言われても仕方がない」と、心の中である程度の覚悟はできていた。

だが、その場で僕に言い渡されたのは「契約解除」だった。

先輩や後輩を直営業に誘ったのが「明らかなルール違反」というのがその理由だった。

それだけは許してほしい、芸人を続けたいと必死に訴えたが、通らなかった。

重い空気が流れる中、僕の前に契約解除の書類が差し出された。

涙が自然と溢れてきた。

そこにサインをしたものの、頭の中は真っ白だった。呆然としている僕を副社長の藤原さんが玄関まで送ってくれた。二人並んで、無言で歩いた。

別れ際、僕はとっさに「このことを自分の口から皆に伝えていいですか?」と聞いた。

僕が迷惑をかけた方々、お世話になった先輩、同期、後輩、そして何より、相方の矢部太郎に、一刻も早く自分から伝えなければいけない。このことを報道で知るなんていう不義理な事態は避けなければという考えが頭をよぎった。

そして、それくらいしか、そのときの僕にできることは残されていなかった。

藤原さんは「ええで」と応え、最後に、

「変な気起こしたらアカンで。クビになっても、戻ってきたヤツもおるからな。あきらめずにおれよ」

と、言ってくださった。

相方

吉本興業を後にして、ふらふらと歩きながら、僕は亮さんに電話をした。

「お前だけ、なんでクビなんや……」

スマホから聞こえる亮さんの声に、また涙が出てきた。

ついさっきまで、田村亮一座の舞台に立っていたのに。来月もまた、同じように一緒に舞台に立てると思っていたのに。

そんな日はもう僕には二度と来ないのだと思うと、怖くて震えが止まらなくなった。


亮さんとの電話を終えてから、相方の矢部に電話をした。

矢部に電話をすることなんて滅多になかった。「驚くだろうな」と思った。それより何より、何からどう説明すればいいんだろう。

電話に出た矢部に、僕は吉本興業を契約解除になったこととその原因を話した。矢部は言葉を失っていた。

それでも矢部は「もう一度、僕と一緒に吉本に行こう」と言ってくれた。

次の日の夜、二人で吉本興業に行った。矢部は毅然とした態度で粘り強く交渉してくれた。そんな矢部を見るのは初めてだった。

矢部とは高校で出会った。クラスは違い、同じクラスになった友達から紹介されたのが最初だった。ナンパやダンスや目立つことが大好きな僕と違い、矢部は口数も少なくおとなしかったが、いつも一緒にいた。

高校を卒業して、カラテカとして二人で活動を始めてからも変わらなかった。

その矢部が僕のために必死に交渉してくれている。申し訳なくて、僕は隣でただ泣くしかなかった。

矢部の交渉も虚しく、僕の契約解除は覆らなかった。

二人で吉本興業を後にして、しばらく無言で歩くうち、矢部が「飲みに行こうか」と言った。矢部はお酒なんてまったく飲めないのに。

コンビを組んでから、そんなふうに矢部に誘われたのは初めてだった。

飲みに行ったが、僕らは一滴も飲まなかった。お酒どころか、何も喉を通らなかった。

「これから先どうしよう……」

考えようとしても、何も考えられなかった。何も見えなかった。

帰宅して、ベッドに倒れ込んだ。

目を閉じると、言いようのない恐怖が押し寄せてきて、僕は何度も飛び起きた。なかなか眠りにはつけなかった。

現実

それでも、いつの間にか眠ってしまっていたのだろう。

目が覚めて、この二日のことが「夢ではない、現実なんだ」と思った瞬間、また涙が溢れてきた。

でも、泣いている暇はない。報道が出る前に、お世話になった先輩たちに、芸人仲間に、このことを伝えなければ。

電話に出た先輩たちに「突然の報告で申し訳ないんですが……」と切り出すと皆、明るい声で「結婚か?」と言った。

奇しくも、南海キャンディーズの山里亮太くんが結婚会見を開いたタイミングだった。

そんな幸せな報告だったら、どれほどよかっただろう。

「いえ、結婚じゃなくて……。実は、吉本を契約解除されました」

そう言うと、皆、驚いていた。

今回の騒動に巻き込んでしまった雨上がり決死隊の宮迫博之さんは「なんで入江だけクビやねん！」と言い、「守ってやれなくてスマン」と何度も謝ってくれた。

いつも元気な宮迫さんの声がものすごく悲しげで苦しそうで、僕はたまらない気持ちになった。迷惑をかけたのは僕のほうなのに。

蛍原徹さんと田村淳さんにも電話をした。宮迫さんと亮さんを巻き込んだことで、コンビを組むお二人にもとんでもない迷惑をかけることになった。

蛍原さんも淳さんも、きっとどこに行っても「相方がお騒がせしてすみません」と頭を下げるだろう。お二人にはまったく関係のないことで、どれほど頭を下げることになるんだろう。

ここで初めて、自分がしでかしてしまったことの重大さに思いがいたった。

なんて言って謝ればいいいんだろう。その言葉も思い浮かばなかった。

スマホを見つめ、しばらく「通話」を押せずにいた。

蛍原さんには『芸人報道』という、雨上がり決死隊がMCを務める番組で、六年もお世話になっていた。僕の数少ないレギュラー番組であり、大好きな現場だった。

番組中、話を振られるたびに噛んでしまって、うまく話せない僕を蛍原さんはいつも優しく笑ってくれた。

怒っているところなんて見たことがない。どんなふうに怒るのかも想像できなかった。でも、今度ばかりは話が違う。怒鳴られるのを覚悟で電話をかけた。

「入江か？」

聞こえてきたのは、いつもより優しい蛍原さんの声だった。その瞬間、涙で声が出なくなった。

「蛍原さん、すみません……」

それだけ、必死に絞り出した。

「かまへんかまへん。こっちは大丈夫や。それよりも、入江の人生を考えなあかん。できることがあれば、なんでも言うてきてな」

淳さんも僕をまったく責めなかった。

それどころか、「お前だけクビなのは納得できない」と、吉本興業に掛け合ってくれた。そして、「無理だった。ごめん」と、わざわざ電話をくださった。

淳さんが謝る理由なんて、ひとつもないのに。

世間の目

六月六日、闇営業についてスポーツ新聞が大々的に報じ、その記事を受ける形で吉本興業が僕の契約解除を正式に発表した。

僕は家から一歩も出ず、成り行きを見守るだけだった。といっても、テレビをつけることも、ＳＮＳをチェックすることも怖くてできなかった。

ツイッターやインスタグラムのコメント欄には連日、多くの意見が書き込まれているようだった。「コメント欄を閉鎖したほうがいい」と言ってくれる人も多かったが、批判的な意見も受け止めなければと思った。

だが一度、恐る恐る自分のツイッターをチェックして、すぐに画面を閉じた。

「犯罪者」「反社、どっか行け」「二度と顔見せるな」「他の芸人まで巻き込みやがって」

「どうやって責任とる気だ」「逃げるな」「死ね」……。

　世間では、僕も反社会的勢力の一員と思われているようだった。

　数日後、吉本興業の元マネジャーから電話がかかってきた。

　契約解除が発表されてからというもの、一日に何回も知らない番号から電話がかかってくるようになっていた。怖くて、着信音が鳴るたびにビクッとした。

　そのときもドキドキしながらスマホを見ると、元マネジャーだったので、ほっとして電話に出た。

　挨拶もそこそこに、「入江さん、○○さんと写っている写真を至急削除してください」と言われた。

　僕と一緒に写っている写真がＳＮＳにアップされている芸能人の事務所から「削除してほしい」と言われたという。

　自分が確実に、世間から反社会的勢力と見なされていることを感じた。

　そんな事実はないと否定したい気持ちでいっぱいだったが、僕と一緒に写真に写っていては、その人まで反社会的勢力と接点がある人間かのように疑われてしまうのだろう。

僕はＳＮＳにアップしていた写真と文章を削除した。自分で自分を全否定しているように感じた。

その流れの中で、ある週刊誌に僕の記事が出た。

「カラテカ入江、反社との交際」の見出しとともに、タトゥーが入っている男性との写真が掲載されていた。

何年か前に、ある海の家の前で、頼まれて撮った写真だった。

毎年通っている海の家で、働いている人たちとも顔なじみだった。このときも、いつものように後輩たちと海に行き、この海の家でビールを飲みながら焼きそばなどを食べて、夏を楽しんでいた。

そのとき、注文していないビールが運ばれてきた。店員さんに尋ねると、「あちらの方からです」とのことだった。

何組かの家族で来ているらしく、小さな子供も周りにたくさんいた。

ビールのお礼を言いに行くと、「一緒に写真を撮ってくれませんか？」と言われた。

僕は快諾し、お子さんたちも一緒に皆で写真に収まった。

記事ではその写真の家族や子供のところが切り取られ、あたかも僕とタトゥーを入れた男性のツーショットのようにして掲載されていた。

この男性と会ったのは、後にも先にもこのときだけだ。どんな人なのかも、年齢も職業も何も知らない。週刊誌がどこからこの写真を見つけ出してきたのかもわからない。

同じ頃、別の雑誌にもタトゥーが入っている別の男性との写真が掲載された。

この男性は僕の友達で、アパレル関係に勤めていて、タトゥーもおしゃれとして入れているものだった。

僕だけならまだしも、大事な友達まで「反社会的勢力の一員」として雑誌に載ってしまっている。「タトゥー＝反社会的勢力」という決めつけも納得がいかなかった。

友達は「名誉毀損で出版社を訴えよう」と言ってくれた。本当に申し訳なく思ったが、僕にはそれができなかった。

言いたいこと、否定したいことは山のようにあった。でも、それらの記事一つひとつに反論していってもきりがないように思えた。

何より、これは僕自身が引き起こした事態なのだから。

僕が騒動を起こさなければ、こんなふうに過去の写真を持ち出され、事実と違うことを書かれることもなかったのだ。

信用

僕は社会的信用をすっかり失ってしまっていることを痛感した。

いつの間にか、「闇営業」の「闇」が本来の「事務所を通さない」という意味から、「反社会的勢力から依頼された」という意味にすり替わってしまっていた。

僕はそれまで、たくさんの著名人と写真を撮ってはSNSに載せていた。芸人や俳優、ミュージシャン、スポーツ選手……。

騒動が起こってから、そうした方々から直接、連絡をいただくこともあった。

「入江さん、すみません。あのとき、ご一緒した会社経営者の方は反社会的勢力の方ではないですよね？」

「申し訳ないんですが、あのときの写真を削除していただけませんか？」

皆、本当に心苦しそうに伝えてくれた。僕のことを精一杯気遣ってくれているのがわかった。

僕は社長さんと飲むときなど、自分が「会いたい」と思う友達も安易に誘ってしまっていた。有名人が来れば、社長さんも喜んでくれる。人と人をつなぐことはいいことだと思い込んでいた。

それが、こんな事態を招いてしまうとは……。

僕を心配して、連絡してきてくれる方もたくさんいた。「元気出してね」「落ち着いたら、また飲もう！」、励ましの言葉もたくさんいただいた。

でも、本人たちがどんなに「気にしない」「大丈夫」と言っても、僕と一緒にいるだけでどんな迷惑をかけることになるかわからない。

「もう誰とも会わないほうがいいんだろうな」と、ぼんやり思った。

仲間が離れていく

騒動の前、あるベンチャー企業の社長さんから「入江さんに、会社の顧問に入ってほしいんです」と言われた。

まだ二十代前半のやり手の社長で、社員も皆、若かった。

話を聞き、「僕で力になれることがあるのなら、お手伝いしたい」と思った。何度も連絡をくれ、仕事のことや会社や社員の将来のことなどを熱心に話す姿に心を打たれたからだ。

そんな矢先、騒動が起こった。

僕は直接お会いして、きちんと自分の口で事情を説明したうえでお詫びをしなければいけないと思った。

でも、社長さんとは連絡が取れないままだった。その間、自分の社会的信用が地に落ちていることを何度も思い知らされ、僕の考えも変わっていった。今、僕と直接会うことで、さらにどんな迷惑をかけることになるかわからなかった。

僕は電話で謝罪をし、顧問の話も白紙となった。

騒動前に出演した、ある大学生のＹｏｕＴｕｂｅ動画では、検索しても僕がヒットしなくなっていた。

その大学生は志も高く、とても優秀な人だった。彼の夢のお手伝いがしたいと思ったのだが、結局は前途有望な若者にも迷惑をかけることになってしまった。

その後、大学生からはわざわざお詫びの連絡があった。騒動後、僕との動画を限定公開にしたとのことだった。

僕が迷惑をかけたのだから、謝る必要はないと伝えた。恐縮させてしまっていることが、心苦しかった。

騒動の影響は、イリエコネクション内部にも及んだ。

取締役から連絡があり、「退職したい」と告げられたのだ。

取締役とは、高校で出会った。十六歳からの友達だ。矢部を紹介してくれたのも彼だった。よく三人で遊んだ。

高校を卒業してからも定期的に会った。会うたび、お互いにいろんな話があって、いつも楽しかった。

二〇一五年、そんな彼に「会社をつくろうと思っているんだ」と打ち明けた。

彼は「一緒にやりたい。力になりたい」と言ってくれた。

僕は一人では正直、不安だった。高校からの友達である彼なら信用もできるし、一緒にやってくれるのは頼もしかった。

彼を取締役に迎え、株式会社イリエコネクションを設立した。四年間、一緒に頑張ってきた仲間だった。

そんな彼に「辞めたい」と言わせてしまったことが、本当にショックだった。

だが、引き留めることはできなかった。

ずっとそばにいてくれると信じていた仲間と、一緒にいられない状況をつくってしまったのは僕自身だったから。

彼のところにも、連日連夜、マスコミが押しかけていた。一般人の彼にとっては、耐え難いことだったと思う。


イリエコネクションの事務所の前にも、毎日のようにマスコミがいた。

事務所には社員が一人いて、電話番などをしてくれていた。

「入江さん、毎日マスコミが会社の前にいて怖いです。カメラがいつもこっちを狙っているみたいです。両親も心配していて……。どうしたらいいですか？」

取締役が去って間もないある日、そんなふうに相談された。

本当は一緒にいてほしかった。でも僕は退社を提案した。

その社員は僕が会社に誘った人だった。誘っておいて、こんな結末を迎えてしまった。

ここでも、僕は人の人生を変えてしまった。

こうして、僕は一人になった。

謝罪文

騒動は僕ではなく、宮迫さん、亮さんを中心にどんどん大きくなっていった。

契約解除が発表になってから雲隠れしているような状態になっている僕に対して、「謝罪しろ」「張本人のくせに、なんで何も説明しないんだ」「記者会見して、すべてを話せ」という声も大きくなっているように感じた。

記者会見をして、忘年会に行った企業が特殊詐欺に加担していたということはまったく知らなかったということだけでも伝えたいと思った。

でも結局、会見は行わなかった。謝罪会見と言いつつ、ただの言い訳ばかりになってしまうかもしれないと思ったからだ。

自分が伝えたいことを全部話して、ただ楽になりたい。そういう気持ちがないとは言い切れなかった。自分がしたことについての整理もまだまだ十分ではなかった。

矢部にも相談して、ツイッターに一枚の書面を出すことにした。今の気持ちが率直に伝わるように、一字一句、時間をかけて考えた。

「私、入江慎也は吉本興業の所属契約を解消となりました。
世間をお騒がせし、御迷惑をおかけすることとなり、大変申し訳ございません。
この状況を真摯に受け止め、反省しております。

本日発売の雑誌『ＦＲＩＤＡＹ』の記事にある忘年会に出席したことは事実です。しかし、その会が、詐欺グループの忘年会であるとは本当に知りませんでした。知り合いの広告代理店の方から、エステティックサロンの経営や健康食品の販売をしている会社のパーティーがあると聞いていました。ただ、たとえそのような認識だったとしても、吉本興業を通さずに芸人の先輩や後輩をこのような場に誘い、巻き込んでしまったのは私の危機管理能力の不十分さ、認識の甘さが招いてしまったことです。

誠に申し訳ありませんでした。

入江慎也」

翌日には矢部も自分のツイッターで謝罪をしてくれた。

「相方であり友である入江慎也が多くの方々にご迷惑、ご心配をおかけし本当に申し訳ありません。

入江には心から反省し、これまでの自身のあり方を見つめ直し、失ったものの大きさを考え続けてほしいと伝えました」

そして、その投稿は「今後も僕はカラテカの矢部太郎として活動させて頂きます」との一文で締めくくられていた。

契約解除になったとき、僕の頭には「解散」という言葉がよぎった。僕から言い出すことはできなかったが、矢部からいつ「解散しよう」と言われても仕方ない。僕に拒む資格は一ミリもない。いつかタイミングを見て、解散することになるんだろうなと思っていた。

でも、矢部のこの一文を見たとき、うれしい気持ち、申し訳ない気持ち、恥ずかしい気持ち、悔しい気持ち、いろんな感情が噴き出してきた。

心が麻痺していた生活の中で、僕は久しぶりに泣いた。

外の空気

ずっと部屋に引きこもっている僕に、吉本興業から連絡がきた。再度の細かな聞き取りがしたいということだった。契約解除になった吉本の本社に行くのはつらかったが、気持ちを切り替えて行くことにした。

改めて鏡を見ると、髪も伸び放題、目の下にはどす黒いクマがある、ひどい顔の自分がいた。じっくりと鏡を見るのも久しぶりだった。

ずっと担当してもらっている美容師さんに連絡して、髪を切ってもらった。

聴取の場には宮迫さんや亮さんなど、今回のことに関わった芸人たちが集まるということだった。皆に心配されるような姿では行けないと思った。

髪を切り、スーツを着て、吉本興業に向かった。外の空気がなんだかヒリヒリした。誰かに見られたらどうしよう……と、終始ビクビクしている自分がいた。

この日を境に、僕はまた部屋に閉じこもった。

身近にいてくれた人たちは「反省の意思が伝わるようなことを何かしたほうがいい」

と、日々さまざまな提案をしてくれていた。

でも、僕はそうした思いを受け止められずにいた。頭がぼーっとして、先のことを考えることができなかった。

思考停止状態の僕とは反対に、騒動に関する報道はどんどんヒートアップしているようだった。

スマホは連日、知らない番号の着信を通知し続けていた。怖くて出ることができなかったが、留守電を確認すると、ほとんどが取材依頼だった。

家のインターホンも日に何度も鳴った。モニターを見ると、カメラを構えた取材クルーの姿があった。

そうして毎日、電話が鳴り続けていると、ふと電話に出て、自分の気持ちを洗いざらい話してしまいたい衝動にも駆られた。反論したかった。

「このまま黙り続けて、反社会的勢力の一員と思われたままでいいのか?」

そんなふうに反発したい思いがこみ上げるたび、僕が巻き込んだせいで謹慎に追い込まれた先輩や同期、後輩の顔を思い浮かべた。

芸人仲間だけではない。どれだけの人に今このときも迷惑をかけているか、わからない。そんな中で、自分勝手に言いたいことだけ言っていいはずがない。

「その罪の意識はこれから先、ずっと背負っていかなくちゃいけないんだよ」

胸に突き刺さったままの矢部の言葉が響いた。


こうして一カ月以上、自分の部屋から出られない生活が続いたが、七月も中旬くらいになると、僕のマンション前に報道陣が張っているようなことも少なくなった。カーテンの隙間から、ぼんやり外を眺めていたら、「少し外に出てみようかな」という気持ちにもなってきた。

この間、お酒も一滴も飲んでいなかった。

「お酒に逃げたい」と思うときや芸人仲間がビールを手土産に元気づけに来てくれるときもあったが、「もし酔っ払っているときに変な気を起こしてしまったら……」と心配になったり、お世話になっている先輩から電話がかかってきたときに失礼な対応をしてしまったりするかもしれない……と考えると、飲む気にはなれなかった。

とはいえ、このままずっと家に閉じこもっていられるわけはない。少しずつでも前に進むことを考え始めないといけない。

「何をしよう……」と考えたとき、よく通っていた中目黒の『なかめのてっぺん』という居酒屋が、福井県の農家さんから野菜を買っているのを思い出した。その店には、福井県の野菜や農業のポスターが貼ってあった。

「農業を手伝えたりはしないかな」と、『なかめのてっぺん』の経営者であるウチヤマさんに電話をすることにした。

今回のことで、僕のことをどう思っているかわからない。それにまったくの思いつきで、突然こんなお願いをして、嫌な気持ちにさせたり、図々しいヤツだと思われたりはしないだろうか。

不安だったが、勇気を出して電話をすると、ウチヤマさんは以前と変わらない声で「入江さん、いろいろ大変でしたね」と言ってくださった。

そして僕の事情を察して、農業体験の窓口になっている福井県の町役場を紹介してくれた。

会見

お手伝いに行った福井県の農家さんは優しい方ばかりで、興味本位に事情を聞かれるようなこともなかった。

数日の体験だったが、久しぶりに外の空気を吸い、土と汗にまみれて、少し気持ちが晴れた。

「東京に帰ったら、新しい一歩を具体的に考えてみよう」

そう思った矢先、宮迫さんと亮さんが記者会見を開くというニュースが届いた。

急いで東京に帰ってくると、僕のマンションの前には以前のようにたくさんの報道陣が集まっていた。


七月二十日に開かれた宮迫さんと亮さんの会見は、今思い出しても、心臓をものすごい力で握りつぶされるような、息をするのも苦しいような、そんな気持ちになる。

生配信を見ていたが、僕が知らないこともたくさんあった。

長年、たくさんの人を笑わせてきた先輩方が泣いていた。二人のあんな姿を見るのは初めてだった。

でも、これもすべて僕が原因で起きたことだ。自分がどれほどとんでもないことをしてしまったか、その過ちの大きさを改めて突き付けられた。

宮迫さんや亮さんの奥さんやお子さんの顔が次々に浮かんだ。夫や父親のこの姿を見て、どれほど傷つき、悲しんでいることだろう。将来についても、どれほど不安に感じていることだろう。
皆、僕のせいだ。

二十二日には、吉本興業の岡本社長の会見が開かれた。これも生配信で最初から最後まですべて見た。岡本社長に申し訳ないという思いばかりが募った。十九歳から二十年以上、ずっとお世話になってきた吉本興業にも、僕はこんなに迷惑をかけてしまった。

二つの大きな会見が終わり、この事態が一刻も早く収まるように祈った。
でも僕の祈りも虚しく、騒ぎはなかなか収まらなかった。テレビをつければ、この会見の映像が流れている、そんな日々が続いた。

第二章　四十二歳のアルバイト

地に足をつける

僕はまた部屋に閉じこもるようになっていた。カーテンの隙間から差し込む八月の光はやけにまぶしく、気持ちがさらに落ち込んだ。

「そろそろ前を向かないと……」と思うのだが、頭も体も動かなかった。

ありがたいことに、僕を気遣ってくださり、新しい仕事に誘ってくださる方もいた。

たしかに、このままこうしていても何も変わらない。失ってしまった社会的信用も、世間の僕を見る目も変わらない。

でも、いったい何から始めたらいいんだろう。

矢部からは「地に足をつけて、できることから頑張っていったらいいと思う」と、言われていた。

地に足をつける。これまでの僕は地に足がついていなかったんだろうか。

「入江、大丈夫か？　お前、最近フワフワしてるぞ」

放送作家の鈴木おさむさんの言葉がよみがえってきた。僕が人脈を武器に仕事をし出した頃から、そんなふうにたびたび注意されていた。

今田耕司さんもそうだった。

僕が社長さんたちとのお付き合いの中で、派手なブランドものの服を着始めたとき、僕の変化を素早く感じ取り、「もう少し自分の見られ方を考えたほうがいい」と忠告してくださった。

「お前が後輩を社長さんとの食事会に誘うのは後輩のためやない。お前が社長さんの前でええカッコしたいだけや」とも言われていた。

僕は「そんなことありません。皆、喜んでくれてます」と即座に否定したが、今思えばその言葉の通りだった。

今田さんはずっと「入江は脇が甘い。注意せなアカン」と言い続けてくださっていたのに、僕はずっとその言葉を無視し続けた。

好きだったこと

進むべき方向も見つからず、時間ばかりあるので、僕は毎日、部屋の掃除をしていた。

これまでしたことのない細かな場所、隅々まで丁寧に。コントの衣装や台本などは、芸人を辞めた僕には「もう必要ない」と、思い切って捨てていった。

寂しくはあったが、ガランとした部屋を見渡したら、意外にも気持ちが少しすっきりしているのを感じた。「掃除って、なんか気持ちいいな」と思った。

子供の頃、ボーイスカウトでゴミ拾いのボランティアをしていたことも思い出した。結構楽しくて、夢中になってゴミを拾った。

「またやってみようかな」と、それから毎朝、家の周りのゴミを拾いに出るようになった。

小さい頃、ゴミ収集車を見るのが好きだったことも思い出した。ポイポイと投げ込まれるゴミの袋がおもしろいように車の中に吸い込まれていく。それをいつも、ワクワクしながら眺めた。

焚火でゴミを燃やすのも好きだった。

「あれ？　俺は掃除が好きなのかもしれないな」と思った。

ある日のことだった。新たな一歩を探して外に出ることにした僕は、渋谷駅前でゴミ拾いをしている人たちを見つけた。

次の瞬間には、その人たちに「今から参加できますか？」と声をかけている自分がいた。「何かできることをやろう」「新しいことを始めよう」という気持ちが自分の中にたしかに湧いてきているのを感じた。

ボランティアでゴミ拾いをしているという彼らの仲間に入れてもらい、無心で目の前のゴミを拾っていった。

最後に全員集まって、一人ひとり自己紹介をすることになった。

「今日、初めて参加しました、入江です」と言って、マスクとキャップを取ったら、全員が目を丸くして、「入江さん！」「なんでいるんですか！」と驚きの声を上げた。

その翌月のゴミ拾いにも参加した。「やっぱり、掃除が好きだなあ」と思った。

掃除はその場をきれいにするだけでなく、掃除をする人間の気持ちもすっきりきれいにしてくれる。きれいに掃除された空間を不快に思う人もいない。掃除を通じて皆、清々しく、いい気持ちになる。

掃除って、すごいかもしれない。

汚かったところがきれいになる、自分がやったことの成果がその場ではっきりとわかる。やり甲斐や達成感も大きいはずだ。

これからの第二の人生、新しいことにチャレンジするのなら、そういう仕事がいいんじゃないかと思った。

面接

僕は早速、ネットで清掃のアルバイトを募集している会社を探し始めた。吉本の先輩の中には清掃の会社を経営している人もいた。働いているのもほとんど芸人で、環境的に僕にはうってつけだった。でも、今の状況で安易にこれまでの人脈に頼れば、また迷惑をおかけしてしまうかもしれない。人脈で失敗した以上、人脈に頼るのではなく、今の自分の力で一から始めてみようと思った。

家から近いところにしようと、「目黒区　清掃」で検索してみた。仕事場が家から遠いと、行くのが億劫になってしまうかもしれない。僕は自分を信用できていなかった。検索して、最初にヒットした会社に早速、電話をした。応対してくれたムライさんという方がその店舗の代表ということだったが、若そうな声だった。

アルバイト希望ということを伝えると、すぐ面接をしてくれることになった。

「現場終わりなので、会社じゃなくていいですか？　履歴書もいらないので、とりあえずお会いしませんか」ということで、翌日、指定された時間より少し前に、待ち合わせ場所の喫茶店に向かった。

しばらく待っていると、胸に『おそうじ本舗』というロゴが入った青いポロシャツを着た男性が入ってきた。

「ムライさんですか？　入江です」と声をかけると、「え！　イリエって、あの入江さんですか！」と、驚かれた。

聞けば、ずいぶん前からアルバイト募集の広告を出していたのだが、まったく応募がなかったそうだ。初めてのアルバイト希望者が僕だったらしい。

ムライさんは芸人が大好きで、お笑い番組もよく見ているということだった。それなのに、騒動のことなどにはまったく触れず、清掃の仕事の説明を丁寧にしてくれた。

オフィスや倉庫、店舗などの他に、個人宅にも行くこと。エアコンやガスレンジ、換気扇、浴室など、特殊な洗剤や機械を使うため、現場でそれを覚えていくこと、などなど。

「何か質問はありますか？」と聞いてくれたムライさんに僕は言った。

「清掃の基礎を教えていただいて、二カ月で独立したいんです。二カ月限定で働くということでもいいでしょうか？」

何を血迷っていたんだろう。雇っていただこうとしていながら、辞める前提で自分勝手に話を進めた。今思えば、ムライさんに対してものすごく失礼だし、恥ずかしい限りの質問だが、僕は大真面目だった。

ムライさんは嫌な顔もせず、

「二カ月でも、死ぬ気で頑張れば、覚えられると思いますよ」

と、真っ直ぐに僕を見て、答えてくれた。

「ただ、僕は入江さんより年が七つ下で、社員が一人いるんですけど、彼も入江さんより年下です。それでも大丈夫ですか？」

「まったく気にしないです」

それで決まった。二日後から働かせてもらえることになった。

ムライさんのところでは結局、一年働かせてもらうことになった。なぜ、あのとき「二カ月で独立」などと言ったのか。

「何かしなくちゃ」「世間の人に認めてもらえるようなことを早く始めなきゃ」と焦っていたのは事実だ。

肯定的に考えるとすれば、それまでの僕は「目標設定」を大事にしていた。

何かをするとき、「いつまでにどうなる」という目標をもって始めるのと、何も考えずに始めるのとでは大きな差が生まれる。

同じ作業をするのでも、目標があれば、それに向かって、必要な情報を自分から取りに行くことができる。どんどん経験や知識が蓄積され、目標に近づくごとにモチベーションも上がっていく。

目標がなければ、ただ漫然と作業を繰り返すだけだ。そんなことは時間の無駄だと思っていた。

芸人の後輩たちにも「ただ生活のためにバイトをするのはやめろよ。そういう時間があるなら、ネタをつくったり、先輩と遊んだりしたほうがよっぽど芸人としての役に立つ。同じバイトをするなら、ネタを探すつもりでやれよ」と、よく言っていた。

将来が何も見えていなかった自分を奮い立たせる意味で、このときも「二カ月で独立」なんていう、とんでもない目標を瞬間的に立ててしまったのかもしれない。

もっとも、「四十二歳にもなって、新しくアルバイトを始めるなんて……」という変なプライドもあったと思う。

何はともあれ、僕はようやく一歩を踏み出すことになった。

原付バイク

仕事のある日は朝八時半までに、ムライさんの家に集合。そこで清掃用具を積んだ作業車に乗って現場に向かう。

僕の家とムライさんの家はそれほど離れていなかった。僕は原付バイクで通うことにして、昔乗っていた原付を小平にある実家に取りに行った。

実は騒動後、家から出られないときに一度、弟の家に家族で集まっていた。何をどう話そうか、少々気を重くしながら行ったのだが、父も母も弟も騒動のことをあれこれ言うことも、聞いてくることもなかった。

僕が愚かな過ちを犯したとしても、人の道に外れるようなことはしていないと信じてくれているようだった。

ただ両親ともに「矢部くんはどうしてる?」「矢部くんは大丈夫なの?」と、矢部のことばかり心配していた。

高校時代、矢部はうちに遊びに来て、両親とも会っている。二人にとって矢部は「高校生の頃から知っている息子の友達」なのだ。

弟の子供にも久しぶりに会った。かわいくて、家族全員が笑顔になった。僕も重苦しい気持ちを束の間、忘れることができた。

「家族でこんな時間を過ごすのは、何年ぶりだろう」と、思った。


子供の頃は、いつもそうして家族で食卓を囲んでいた。

父は毎日、職場から「今から帰る」と電話をかけてくると、決まったように七時には帰宅していた。

そして、父と母、兄、弟、僕の五人で晩ごはんを食べる。父も母も口数が多いほうではなく、僕ら兄弟もあれこれ話して家族を楽しませるようなタイプではなかったので、比較的静かな食卓だったように思う。

休日の父はボーイスカウトの活動で出かけることが多かった。小さい頃は僕ら兄弟も一緒に行っていたが、大きくなるに従って付き合わなくなった。

僕が高校生のときも、父はボーイスカウトを続けていて、家に子供たちを呼ぶこともあった。

母は書道の先生をしていたので、これまた家に子供たちがたくさんいた。

ある日、矢部が僕の家に来たら、そんな子供たちがいっぱいいて驚いたそうだ。人数が多いことはもちろん、名前も知らない子供たちが大勢いるのに、僕が平然としていることにもびっくりしたらしい。

「こういう環境で育ったから、入江くんは人慣れしているんだな」と思ったという。僕にとっては、小さい頃からそれが当たり前の我が家の光景だった。

父は寡黙で真面目な分、「厳しい人」というイメージだった。冗談を言って笑ったりするようなこともなかった。

でも、僕が「芸人になる」と言ったとき、父は反対することもなく、黙って認めてくれた。今になって、そのありがたさがわかる。

岡本社長の会見から数日後、父からメールが届いた。

「迷惑をかけた先輩や後輩、関係者の方々に謝ること。何か行動を起こすには、信頼のおける先輩などと十分、相談してください。

くれぐれも、やけにならずに頑張ってください。

慎也を信頼しています」

父からこんな優しい言葉をかけられたことはなかったし、長文のメールをもらうのも初めてのことだった。読みながら涙が出た。

ずいぶん後になって聞いた話だが、実家にもマスコミが殺到していたらしい。そのすべてを父は「慎也には会っていない」と突っぱねてくれていたという。

連日のテレビでの報道やネットニュースも父はすべてチェックしていたそうだ。弟の家で会ったときも当然、ものすごく心配していただろうが、そんなことはひと言も口にしなかった。

母は心配性なので、父はニュースを見ても、どう報道されているかなど、母にはあまり話さなかったという。

突然、原付を取りに行ったので、母は驚いていたが、少し元気そうな僕の顔を見て、安心したようだった。

僕は清掃のアルバイトをして、新しい一歩を踏み出すことを告げた。母は笑顔で見送ってくれた。

原付で実家から帰る間、懐かしい記憶が次々に蘇ってきた。

お金のない若手時代、先輩に呼ばれると、よく原付で駆け付けていた。芸人になりたての頃の思い出がこの原付とともにあった。

その原付に今、四十歳を超えた僕がアルバイトに行くために乗る。感慨深くもあり、なんだか複雑な気持ちにもなった。


この日は、以前受けた人間ドックの結果が出る日でもあった。

ふさぎ込んでいた僕を気遣ってくれたのだろう、日頃からひょうきんな先生はこの日はさらに明るく、「入江さんの今の状況とは裏腹に、今までで一番数値がいいですよ」と検査結果を告げた。

たしかに、朝まで暴飲暴食ということもよくあった以前からは、かけ離れた生活を送っていた。精神的にはともかく、肉体的にはかえって健康になっていた。

これから体が資本の仕事を始めるに当たって、丈夫な体に生んでくれた両親に改めて感謝した。

顔バレ

アルバイト初日、八時半にムライさんの家に行き、作業着に着替えた。この日の仕事はレンタル倉庫の清掃と窓ふきらしい。

清掃用具が詰め込まれた作業車に乗り込み、ムライさんの運転で現場に向かった。車の中は清掃の薬剤のにおいのようなものがしていた。初めて嗅ぐにおいに、ちょっと戸惑った。

広い倉庫をムライさんと二人で作業した。

ムライさんがスクイジーという道具で、窓をきれいにしていき、僕がフロアーに業務用の掃除機をかけることになった。

たかが掃除機なのだが、業務用なので重く、動かすにも想像以上に力が必要だった。振り回されるようでうまくかけられなかったり、少しスムーズに進めたと思えば電源プラグが抜けてしまったり、何度も作業が中断した。

掃除機ひとつ、満足にかけられない自分が情けなかった。

初日の夜は、今まで筋肉痛になったことのない、体のいろいろなところが痛んだ。

翌日からも各現場でひとつずつ教えてもらいながら、必死に作業を覚えていった。オフィスや飲食店、調剤薬局、マンションの空室清掃など、行く場所は毎日変わり、清掃内容も変わるが、基本は朝八時半から夕方までの仕事だった。

連日猛暑で作業中は汗だく、肉体的にはきつかったが、外に出られていること、働けていることが気持ちよかった。

「汗をかいて仕事するのが向いているんじゃないかな」

矢部に言われた言葉をふと思い出した。

向いているかはわからないが、生活リズムは一変した。芸人時代は夜遅くまで飲んで、翌日の仕事がゆっくりなときはお昼ぐらいまで寝ていることもあった。

しかしアルバイトを始めてからは、毎朝七時半に起きて仕事に向かった。芸人時代も朝早い仕事はあったが、毎日続くことはない。新たな生活リズムを新鮮に感じている自分がいた。

ただ、マスクを外すことはできなかった。コロナ禍の今と違い、二〇一九年の夏は誰もマスクなどつけていなかった。しかも猛暑だ。

でも僕は暑さよりも、人の目が怖かった。僕だと絶対に気づかれたくない。そのためにマスクが手放せなかった。

そんな中、いよいよ個人宅にもうかがうことになった。

オフィスなどでは担当の方と話すのはムライさんで、僕は後ろにいればいい。最初と最後の挨拶はするが、特に話すことも、言ってしまえば目が合うこともなかった。

でも個人宅ではそうはいかない。挨拶のときはマスクを外す。距離も近いし、顔もしっかり見られるだろう。

「入江さん、大丈夫ですか?」

ムライさんも心配してくれたが、覚悟はできていた。バレないに越したことはないけれど、そんなことは言っていられない。

案の定、最初の家ですぐにバレた。

挨拶のとき、何にも言われなかったので「意外とバレないか?」とちょっと安心したのだが、ムライさんが「入江さん」と呼んだことで、依頼主である奥さんが僕の顔をのぞきこみながら、話しかけてきた。

「やっぱり、芸人の入江さんですよね？　お顔を見たとき、そんなはずはないと思ったんですけど」

「はい、入江です。新しく、この仕事を始めたんですよ」

僕は明るく返した。もっと、ドキドキするかと思ったが、一度バレたら肝が据わったのか、それほど気にならなくなった。

もっとも、「反社と付き合いのある人に家に上がってほしくないです。帰ってください！」などと言われていたら、ものすごく落ち込んだだろうが、そういう目には遭わずに済んだ。


ただ、申し訳ない気持ちになることはよくあった。

土曜日曜は、個人宅に行くことが多いのだが、依頼主の方は当然ながら休日モードで、僕らが掃除をしている間、その週に録画していた番組を見ていることが多い。

掃除をしているのが僕だと気づいたとき、芸人がたくさん出ているバラエティ番組を見ていたりすると、そっと番組を替えてくれたりする。

「気にしないで、どうぞ見てください」と言うのだが、大抵は「いやいや、そんなに好きじゃないんでいいですよ」と返される。

せっかくの休日、くつろいで、好きな番組を楽しみたいはずなのに、僕のせいでいろんなことを考えさせて、気を遣わせてしまっている。

優しい心遣いをありがたく思うべきなのかもしれないが、胸が苦しかった。

同様に、ランチタイムにもよく周囲に気を遣わせてしまった。

ランチは現場近くの店に行くことが多いのだが、テレビが置いてある店では時間帯的にほぼワイドショーが流れている。

騒動のことが取り上げられているときに、僕が店に入っていくのだ。当然、店員さんもお客さんも明らかに微妙な表情になる。

でも、僕の前であからさまにチャンネルを替えるのも気が引けるのか、そのままのことも多かった。

そんなときは、お店の方ばかりかお客さんまでも、テレビや僕のほうを見ないようにしてくれる。気を遣わせてしまっていることがいたたまれなかった。

そそくさと食事を済ませて店を出るのが常だったが、会計のときも気づかないふりをしてくれている店員さんがありがたかった。

十歳下の先輩

ムライさんと現場に出て、ひと通りの清掃を体験した後、十歳下の先輩、モロさんと現場に出ることになった。

作業の中で一番抵抗を感じたのは、なんといってもトイレの清掃だった。トイレ清掃は細かいところをしっかりと磨き上げなくてはならない。温水洗浄便座のノズル、便器の縁、縁裏……。自分の家のトイレでも、そこまで丁寧に掃除したことはなかった。

手袋をつけているとはいえ、便器の中に手を突っ込んできれいにすることには特に抵抗があった。できれば、やりたくなかった。

そんな僕の気持ちを察したのか、モロさんがトイレ清掃を始めた。手洗い台などを磨きながら見ていると、モロさんはひとつも躊躇せず、便器の中に手を突っ込み、しっかりと磨き上げていた。

その姿はカッコよくさえあった。モロさんを素直に尊敬し、一方で自分はなんて小さい人間なんだろうと思った。

モロさんは寡黙な人だった。

せっかく一日一緒にいるのだから、仲良くなって、楽しく時間を過ごしたい。いろいろ話しかけたが、言葉がポツリポツリとしか返ってこない。でも「いい人」だということは、間違いなく伝わってきていた。

こんなこともあった。

賃貸物件の空室清掃で、僕はいつものようにキッチンの清掃を担当したのだが、流しの白いパッキンの部分がかなり汚れていた。

落ちにくい汚れだったこともあり、僕は塩素をかけ、放置しておくことにした。

しばらくして見てみると、きれいになるどころか、白いパッキンはすべてピンク色に変色していた。水を流しても、こすってみても、どうにもならなかった。

僕は焦って、モロさんに相談した。

モロさんは変色したパッキンを見ると、

「入江さん、このパッキンは塩素かけたらダメなんですよ。塩素は汚れを落としますけど、なかなかデリケートで使い方が難しいんです。でも、それを教えなかった僕のミスです。大丈夫です、なんとかします」

と、怒っているふうもなく、淡々と言った。

僕はモロさんに謝り、違う場所をきれいにして、その日の仕事は終わった。

帰りにもう一度、モロさんに謝った。

「大丈夫ですよ。気にしないでください」

そう言ったモロさんは、僕と別れた後、ホームセンターで新しいパッキンを買い、現場に戻ると、夜遅くまで張り替えの作業をしてくれたということを後日、ムライさんから聞かされた。

その日、モロさんは違う現場に出ていたので、僕はすぐモロさんに改めてお詫びとお礼のＬＩＮＥをした。

数分後、モロさんから返信が届いた。

「入江さん、なんのための上司ですか？」

「部下のミスは上司の僕の責任ですから、気にしないでください」

本当に、カッコいいと思った。

モロさんともっと仲良くなりたいと思った僕は、ある作戦を考えた。

寡黙なモロさんだが、自分が好きなことなら、積極的に話してくれるかもしれない。

僕もそれを好きになれば、共通の話題ができ、話も弾むだろう。

モロさんの趣味は競馬だった。

僕としてはまったく興味がなかったが、モロさんが日曜のレースの予想をあれこれしているのを聞き、同じ馬券を僕も毎週買うことにした。

日曜のレースに向けて、休憩時間に二人で話す。僕には馬の知識がないので、ただ聞き役に徹するだけなのだが、予想についてモロさんが熱く語り、二人の距離はぐっと近づいていった。

だが、モロさんの予想はハズれ続け、僕たちの距離が近づくのと反比例するように、負けが込んでいった。

それも「モロさん、またハズれたじゃないですか〜」と僕がツッコみ、モロさんが「大丈夫です！　今週は勝ちます！」と返す。そんな楽しい会話になっていった。

モロさんのおかげで、現場がどんどん楽しくなった。清掃の細かなテクニックもたくさん教えてもらえた。

作業車のにおいや作業着もいつしか気にならなくなっていた。

実は、清掃の仕事を始めた当初は作業着を着ている自分がなんだか恥ずかしかった。見慣れないし、知り合いにも見られたくないような気持ちになった。特に吉本の後輩には「絶対に見られたくない」と思った。

高級ブランドと作業着

自分でも本当に信じられないのだが、当初、僕はガガミラノというブランドの時計をして、現場に行っていた。文字盤が派手で大振りなのが特徴の高級時計。作業中はもちろん外すし、そもそも必要のないものなのに。

財布も、グッチの赤の長財布を持っていっていた。ランチのときもその財布を出して会計する。

「作業着を着ているけど、財布はグッチだからな！」と、それでなんとか体面を保っている気になっていたのかもしれない。

しかし毎日、現場で作業をするにつれ、ポケットに入れている長財布が邪魔なことに気づいた。

僕は、ポケットにかさばることなく収まるノーブランドの小さい財布を買った。時計もしていかないことにした。自分がとっても身軽になったように感じた。

変なプライドにしがみついていた自分はカッコ悪かった。今では心から思う。

作業着に関しては、今では胸を張って着ている。

芸人の頃は衣装を用意してもらえる仕事など滅多になかったので、いつも私服のままテレビや舞台に出ていた。

でも今は仕事を始めるときは作業着を着る。終わったら、作業着を脱いで、私服に着替える。服装でのオンとオフがはっきりできて、とても気持ちがいいのだ。

街で同じように作業着を着ている方から、声をかけられることも多くなった。連帯感のようなものを感じてくださっているようで、僕もなんだかうれしくなる。

「今日も暑くて大変だけど、お互い頑張りましょうね！」なんて、エールを送り合うと、「前を向いて頑張ろう！」と、思えるのが不思議だった。

ランチシステム

現場が楽しくなったことの理由に、「ランチシステム」を導入したことも大きかったように思う。

僕が入ってくるまで、ランチはコンビニ弁当などを買ってきて、各自で食べていたらしい。

でも作業中は話せないから、ランチは貴重なコミュニケーションタイムだ。それに、同じお金を出すのなら、目の前で調理してもらった、あったかいごはんが食べたい。

芸人の先輩に喜んでもらうために、いろいろなお店に案内してきた僕は、店選びが得意だ。

明日行く現場近くのおいしいランチの情報を調べておいて、いくつか頭に入れておく。「ランチ、どうしましょうか?」という話になったときに、「この近くだと、カレーのうまい店か、とんかつのうまい店ですね。どっちの気分ですか?」と、必ず複数候補の提案をする。

そんなことを続けるうちに、モロさんが朝九時頃には「入江さん、今日の昼は何食べますか？」と聞いてくれるようになった。

「いやいや、モロさん早いでしょ。仕事始めたばっかりでしょ」と返しつつ、なんだかうれしかった。


あるとき、芸人時代からよく通っていた店にモロさんと行った。カウンターだけの昔ながらの定食屋で、安くてうまい。

「入江さん、うまいですね！　次もこの近くに来たときはここにしましょうね」

モロさんも大満足してくれた。

お会計のとき、店のお母さんが「あんた、こんなんで負けないで。頑張ってね」と声をかけてくれた。

芸人のときから何度も通っていたけれど、お母さんから声をかけられたのはこのときが初めてだった。

これまでも、僕が芸人ということは知っていたんだろう。でも、そのときはまったく声をかけず、こんなことになって初めて声をかけてくれた。しかも、あったかい言葉を。

涙が出そうになった。

モロさんも横で一緒に感動してくれているようだった。

孤独な仕事

二〇一九年の後半はほぼモロさんといたといってもいい。

「寡黙な人」という印象だったモロさんだが、実はおもしろくて、他人のことをきちんと見てくれる人だった。

アルバイトを始めてから、僕は毎朝、集合場所であるムライさんの家に原付で通っていた。雨の日はカッパを着て、原付を走らせた。

その日の朝も、僕は雨の中を濡れながら原付で向かい、一日、モロさんと清掃をして、また原付で帰ってきていた。

夜、モロさんからＬＩＮＥがきた。

「これから雨の日は、俺が作業車で入江さんの家まで迎えに行きます」

ありがたかった。

モロさんは電車でムライさんの家まで来ていた。僕を迎えに来るにはその分、早く起きて、ムライさんの家に行き、作業車で出発しなきゃいけないのに。

後々、「あのとき、なんであんなこと言ってくれたんですか?」と聞くと、「雨でズブ濡れになってる入江さん、見てられなかったです」と答えた。

「ずいぶんストレートに言うなあ」と、冗談っぽく返したが、モロさんの優しさが心にしみた。

そんなモロさんに「芸人さんと飲んだり、話したりした次の日の朝の入江さんて、寂しそうです」と、言われた。

「入江さん、今日元気ないですね」と言われるたびに、「いや、昨日、芸人と会ったんですよ」と答えていたらしい。

自分ではまったく気づいていなかった。

芸人と話していると本当に楽しい。自分も以前の、芸人をやっていたときに戻ったような感覚になって、ボケたりツッコんだり、自然と笑顔も増える。これは芸人を辞めてから改めて、強く感じたことだった。

でも次の日にはまた、早朝から原付で出かけ、黙々と清掃する現実が待っている。そのギャップで少し憂鬱になった気分がそのまま、顔に出てしまっていたのだろう。

僕が「孤独な仕事」と呼んでいる作業がある。

それが「空室清掃」だ。マンションなどで入居者が退去した空室を、次に入る人のためにきれいにする。鍵を預かり、誰もいない部屋をピカピカにして、誰にも見られないまま、鍵を返して帰っていく。

在宅の清掃では、頑張ればお客様が喜んでくれる。感謝してくれる。でも、空室清掃はどんなにきれいにしても、何のリアクションも返ってこない。

モロさんに「きれいになりましたね」と言って、「そうですね」で終わり。他に誰もいないのだから仕方ないし、僕らが帰った後でちゃんと喜ばれているとは思うのだが、なんだか無性に寂しい。誰が清掃したかなんてことは気にもされない。

芸人の仕事は、とにかく誰かがいる。テレビだって、ラジオだって、営業だって、誰かしらがそばにいる。話を聞いてくれる。誰かが見ていてくれている。たくさんの人が和気あいあいとにぎやかにコミュニケーションを取り合って、それぞれの仕事を仕上げていく。

清掃では、ドタキャンをくらうこともあった。

インターホンを押しても出てこなかったり、連絡がとれなかったり。「今日はやめにします」とだけ言われることもある。

文句のひとつも言いたくなるが、こちらが少しでも不満そうな顔を見せれば、「じゃあ、別の業者に頼みます」となる。当然言えない。理不尽だが、お客様あっての商売とはそういうものなのかもしれない。

清掃の仕事にやり甲斐を感じてはいたが、芸人時代とのギャップを突き付けられる出来事は大小、様々にあった。

僕はなんて幸せな世界にいたんだろう。そして、そこにはもう二度と戻れないのだ。そんなふうに感じて、落ち込んでしまうとき。モロさんが車の中でいつも言ってくれる言葉があった。

「入江さん、僕はずっと入江さんを芸人だと思っていますから」

第二の人生でも、僕は人との出会いに恵まれた。

第三章　二〇一九年のこと

夜の散歩

二〇一九年は僕が生きてきた中で、一番の激動の年だった。

「どん底」という言葉があるが、落ちても落ちても、どん底にたどり着かない。また、そこからさらに落ちていく。あの恐怖は一生忘れることがないと思う。

それでも、人に恵まれていること、そのありがたさをこれほど感じた年もなかった。今回のことで謹慎に追い込んでしまった芸人の先輩、同期、後輩は一切、僕を責めることはなかった。騒動には関係ない芸人仲間も皆、僕を気遣ってくれた。

契約解除になったばかりの頃は、家から出られない僕を心配して、毎日、誰かがそっと差し入れを持ってきてくれた。特に、同期の結束の固さは驚くほどだった。

僕らは世間では『泥の97年組』と呼ばれ、「いまいちブレイクしきれない」ことで注目されていた。それでも皆、芸人を続けていて、仲も特別いい。同期にしか話せないこともたくさんある。

ガリットチュウの熊谷茶くんは、相方の福島善成くんが僕のせいで謹慎になったにもかかわらず、何度も差し入れに来てくれた。

福島くんがモノマネ芸でブレイクし、コンビとしても、まさにこれから活躍の場を広げていこうという時期だった。

熊谷くんにまで迷惑をかけることになってしまったのに、自分たちのことより僕のことを考え、心配してくれているようだった。

来るたび明るくボケて、「僕らのことは大丈夫だからね」と、僕に声をかけ続けてくれた。

デッカチャンは早々に電子レンジを持ってきてくれた。

「これないと、冷凍食品とか食べられないよね？　弁当とかもあったためて食べたほうがおいしいよ」

僕の家に電子レンジがないのを覚えていてくれたことに驚いた。ありがたかった。

そんなある日、マンボウやしろくんから連絡がきた。

「イリちゃん、ずっと家にいたら体によくないから、よかったら一緒に皇居の周りを歩かない？　夜中なら人にバレないしさ」

外に出るのが怖い気持ちもあったが、やしろくんの気持ちがうれしくて、思い切って出てみることにした。

やしろくんが夜十時にタクシーを僕のマンションの前に呼んでくれていた。指定されたタクシーに乗り込むと、なんと運転手さんはやしろくんとカリカを組んでいた林よしはるくんだった。

二〇一一年にカリカを解散し、林くんは芸能界を引退していた。

「イリちゃん、ビックリしたでしょ！　今、俺、タクシーの運転手やっているんだよ。責任もって送るからさ！」

林くんは明るくそう言うと、やしろくんが待っている場所へ僕を連れていってくれた。

目的地に着くと、やしろくんが待っていて、笑顔でタクシーに乗り込んできた。

三人で話して、一緒に写真を撮った。二人が明るく盛り上げてくれて、久しぶりに笑った気がした。

余談だが、林くんは今、千葉県南房総市の市議会議員をしている。新しい夢に向かって力強く前進している。

その後、林くんと別れ、やしろくんと二人で皇居の周りを歩いた。二〇一九年のことだから、マスクをしているのは僕だけ。さらに夏の夜だ。やしろくんからは「イリちゃん、逆に怪しいよ」と、ツッコまれた。

「嫌なことがあったら、俺はとにかく汗をかくようにしているんだ。汗かいたら、いろいろスッキリするよ」

と、歩きながら話してくれた。

やしろくんも、コンビを解散したり、これまでいろいろあったと思う。そのとき、僕は何をしてあげられただろう。大したことはしていない。

それなのに、こうして汗だくで気分転換に付き合ってくれる。やしろくんらしい気遣いがたまらなかった。

他にもたくさんの同期が連絡をくれ、ここに書き切れないような言葉や行動で僕を励ましてくれた。ありがたかった。

家庭

同じ頃、ガリットチュウの福島くんの家に招待された。

騒動に巻き込んでしまった芸人のご家族に会うのは、このときが初めてだった。

ご家族にとっても、きっと僕が想像する以上に大変な事態を引き起こしてしまったことを、どんな言葉で謝罪すればいいのか、わからなかった。

これまでと変わらない笑顔で迎えてくれた奥様に精一杯の謝罪の言葉を伝えた。奥様は「入江さんのほうこそ大変でしたよね」と言って、ごちそうでもてなしてくれた。

お子さんたちは「いつもプレゼントありがとう」と言ってくれた。毎年、クリスマスには僕からプレゼントを贈っていたからだ。

同期の中でもいち早く、お父さんになった福島くんに「サンタクロースはお前じゃなくて、俺だからな！」とちょっとしたコントのような気持ちで始めたことだった。

福島くんの家からは海が近い。

夜、福島くんに「イリちゃん、海まで歩かない？」と誘われ、二人で海まで歩いた。

空には星が出ていた。静かな波の音が心地よかった。

しばらく二人並んで海を見ていたら、福島くんがふと「イリちゃん、俺たちこれからどうなっていくのかなぁ」と言った。

不安になって当たり前だ。

僕のせいで本当にごめん。

謝ろうとした瞬間、福島くんは笑顔を見せて、

「ただ、イリちゃんを本音の本音で一ミリも恨んでいないから。イリちゃんには家族も助けてもらってきたからさ。本当に助かっていてさ」

と、僕の肩を叩いた。

あのときの、福島くんの手の感触が今でも忘れられない。

助けたなんて、とんでもない。福島くんも大切な家族も巻き込んで、どう償っていいのかさえもわからないままだった。

本当に、僕は何をしているんだろう。

今回のことに巻き込んだ芸人のほとんどが家庭をもっていた。将来が見えない不安と恐怖は、独身の僕の比じゃないはずだった。

先輩

自分が引き起こした過ちの大きさ、重さを思い知らされるにつれ、罰当たりと思いながらも、優しくされることがつらくもなった。「僕はそんな優しい言葉をかけてもらえ

るような人間じゃない」と思った。

それでも、もったいないくらいの心遣いをたくさんいただいた。

『電波少年』に出演していた頃からずっとお世話になっている松村邦洋さんは何度も電話をくださった。

「これ読んだら、心がすっと楽になるよ。どんな精神科医よりもいいよ」と、相田みつをの詩集を送ってくださったこともあった。

たくさんのあたたかい言葉の中でも、特に心に残っているのがこの言葉だ。

「入江くん、今、困難がたくさんあると思うけど、『難』は全部受け止めるのがいいよ。『難』は運のポイントカードだから、今、ポイントがたくさん溜まってきている状態だからね。ラッキーなことなんだよ。そう思って、もう少し、辛抱、我慢、忍耐だよ」

勇気が出る言葉だった。

そんな言葉を伝えてくれる一方で、電話口でたくさんのモノマネもして励ましてくださった。

千原ジュニアさんは僕が契約解除された直後、テレビの生放送で「今、僕が普通に歩いていられるのは、入江のおかげ」と言ってくださった。

十数年前、ジュニアさんがバイク事故に遭われたとき。長期の入院を経て、ようやく退院されたものの、リハビリなどで頻繁に通院しなくてはならなくなった。

その頃の僕は芸人としての仕事もなく、時間だけはたっぷりあったので、実家の車を借りて、ジュニアさんの病院への送迎をさせていただくことにした。そのときのことを語ってくださったのだ。

実際は、憧れのジュニアさんのお役に少しでも立てたらと思っていたのに、僕はとんでもなく緊張してしまい、道に迷ったり、遅刻してしまったりと大失敗を続けた。

でも、そんな失敗談もジュニアさんは「おもしろい話」として、テレビや劇場で披露してくださっていた。

それだけでもありがたかったのに、こんな状況になったときにまで。テレビの生放送で話してくださったことに胸がいっぱいになった。

今もＹｏｕＴｕｂｅ動画やＳＮＳで僕の名前をたびたび出してくださっている。本当に感謝しかない。

「入江が思うことがあったら、なんでも言ってや。会社に伝えるからな」

東野幸治さんはそう言うと、渋谷の貸し会議室をわざわざ取って、僕の話を聞いてくださった。

イリエコネクションを設立してしばらく経った頃、東野さんはご自身の連載エッセイに僕を取り上げてくださった。

東野さん独自の視点で吉本芸人を紹介するそのエッセイで、芸人よりも社長を本業にしたほうがいい『のしあがる男、カラテカ入江』として、そうそうたる芸人の皆さんと並ばせていただいたときは恐縮しつつもうれしかった。

そのエッセイが書籍化されることになったとき、すでに吉本芸人ではなくなっていた僕は削除されるものと思っていた。ところが、東野さんは近況を伝える僕の言葉も添えて、しっかりと掲載してくださった。

それだけでなく、「印税は協力してくれた芸人と俺で、等分にします」と言われ、後日、僕のもとにも印税が振り込まれた。

先輩の人間としての大きさを見せつけられた気がした。

清掃のアルバイト中には、モロさんとランチをしようと入った店に、品川庄司の庄司智春さんと奥様の藤本美貴さんが偶然いらっしゃったことがあった。

ご挨拶をして、清掃の仕事をしていることを報告すると、庄司さんは「そうか、頑張ってるんだな」と以前と変わらない笑顔を見せてくださった。

うれしさでいっぱいになりながら、僕らはちょっと離れた席についた。

ランチを済ませ、レジに向かおうとしたとき、先に会計を済ませた庄司さんたちが僕らに手を振って、店を出て行った。

そのすぐ後、僕らが会計に行くと、庄司さんが僕らの分まで払っていってくれたことがわかった。

「入江さん、どうしよう。俺の分まで庄司さんが払ってくれてます」と驚いているモロさんと一緒に、急いで庄司さんを追いかけた。

追いついてお礼を言うと、庄司さんは「いいんだよ」と言い、モロさんを真っ直ぐ見つめた。

「入江は大切な後輩なんで、入江のことよろしくお願いします」

思いもかけない庄司さんの言葉に、モロさんも僕も感極まってしまった。

モロさんは「芸人さんってカッコいいですね。僕、一生の自慢にします。庄司さん、すごいです。こんなすごい先輩、いないですよ」と言った。

午後の仕事が始まってからも、モロさんも僕も感動の余韻に浸ったままだった。

『放送禁止』

ある日、カンニング竹山さんに自宅の清掃を依頼された。喜んでうかがい、作業を終えると、

「入江くん、今度の『放送禁止』で『入江慎也という男』っていう演目をやりたいんだけど、いいかな?」

と、聞かれた。

『放送禁止』とは、二〇〇八年から竹山さんが毎年続けている単独ライブだ。たった一人で舞台に立ち、二時間近くひたすらしゃべり続ける。

ライブの前には、「ツイッター、インスタやりたい方は帰ってください」というアナウンスがある。「書き込みたい人は、金返すから帰ってくれ。皆さんも証人、いや共犯者ですよ」というところから始まる。

テレビなどでは絶対に放送できない過激な話やタブーについても、竹山さんは話す。ここで話されたことは外には絶対に漏れない。

お客さんと竹山さんの間の絶対的な信頼関係で成り立っているライブであり、毎年、チケットは即完売になる。

僕は初回からすべて行かせてもらっている。このライブのすごさは十分すぎるほどわかっていた。

そこで僕のことを話す……？

恐れ多いと思ったが、竹山さんのこともライブに来るお客さんのことも心から信じられる。僕は竹山さんに聞かれるまま、すべてを話した。

竹山さんにもご了承いただき、ここに書かせていただく。

二〇一九年十二月、紀伊國屋ホールを埋め尽くす観客に向け、『入江慎也という男』は語られた。

「今は清掃で頑張っている。僕は、入江くんは白だと思う」

そんな言葉で、この演目は結ばれた。

終演後、楽屋に挨拶に行って、竹山さんの顔を見た瞬間、号泣している自分がいた。

二〇一九年は数えきれないほどたくさんの涙を流したが、その締めくくりとして、心の底から泣いた。

竹山さんは、

「すごくよかったって言ってもらえるんだよな。逆に入江くんにありがとうだよ」

と言ってくださった。

後日、このライブの構成と演出をしている鈴木おさむさんからは、

「業界の人間から『入江くんにどこかで弁明の場は設けられないのかな』って言われるんだよ。それくらい伝わっている人には伝わっているんだから、お前、腐らずに頑張れ」

という言葉をいただいた。

他にも、たくさんの偉大な先輩たちが僕のことを気にかけてくださった。

そのたび「僕なんかのために」という思いが頭をもたげてきた。励まし、勇気づけてくださる言葉はもちろん、叱ってくださることもありがたかった。

もう僕は芸人の後輩ではなくなったのに。

芸人時代、先輩たちからは学ばされることばかりだった。

こんな芸人になりたい。こんなふうに笑いを取りたい。こんなふうに遊びたい。

羨望のまなざしでいつも見ていた。

けれど、今回のことで先輩たちがいかに人間として優しく、大きいか、改めて思い知らされた。

同時に、自分の小ささ、至らなさも。

社員総会

すでに書いたが、僕は中目黒にある『なかめのてっぺん』という居酒屋が好きで、よく通っていた。経営者のウチヤマさんともいつしか仲良くなっていた。

騒動が起こる前の二〇一九年一月、ウチヤマさんは会社の社員総会での講演を僕に依頼してくださった。協力会社含め、二百人はいる従業員の方々の前で、人脈について語った。

そして、この年の六月、すべてが変わった。

でもウチヤマさんは何も変わらなかった。農業体験の窓口を紹介してくれた後も、何度も食事に誘ってくださり、「何か僕にできることがあれば言ってください」と言ってくださった。

十一月、ウチヤマさんの店に呼ばれ、一緒に食事をしていたときのこと。五十人はゆうに入る広い店内、ウチヤマさんがお客さんに向かって大きな声で呼びかけた。

「皆さん、お食事中すみません。今日、僕が応援している入江さんが来てくれています！」

お客さんたちの視線が一気に僕に集中した。続けて、あたたかい拍手に包まれた。

「入江さん、何かひとことと！」

ウチヤマさんに促され、僕は久々に人前に立った。皆、やさしく僕を見てくれていて、思わず涙が出た。少し緊張しながら、清掃の仕事をしていることなどを正直に話した。

するとと、ウチヤマさんは、

「入江さん、来年の社員総会でまたしゃべってもらえませんか？ 二〇二〇年はそこからのスタートにしましょうよ。社員たちにも言って、ＳＮＳにも一切上げないようにするので、安心して今、感じていることをしゃべってください」

と、言ってくださった。

そう言われても、現実として受け止められなかった。今の自分に、そんな資格があるのだろうか？

「何の問題もないですよ。なんなら、今年一月の入江さんよりも、今の入江さんの話すことのほうが社員のためになる気がしています」

二〇二〇年一月、僕はまたウチヤマさんの会社の方々の前で話をした。

吉本興業を契約解除になり、清掃の仕事を始めたこと。その中で気づいたこと、僕が反省すべき点はどこだったのか。途中、何度も泣きそうになりながら話した。

話し終わった後、従業員の方々から「去年のお話よりも感動しました」と、声をかけられた。そして、清掃の依頼をいくつもいただいた。

喜んで清掃に行くと、「本当に入江さんが来てくれるんですね」と驚かれた。

二〇二〇年はこうして始まった。

第四章　新しい居場所

縁

二〇一八年だったと思う。西麻布の交差点で、一人の男性に声をかけられた。

「カラテカの入江さんですよね？」

名刺を渡され、僕も自分の名刺を渡した。

当時、「名刺交換をする芸人なんて、入江さんくらいですよ」とめずらしがられていたが、僕はイリエコネクションの名刺を持ち歩き、会う人全員に渡していた。

吉本興業を契約解除になり、清掃のアルバイトを始めて半年ぐらい経った頃、僕が清掃業に就いていることがネットニュースになった。

ある日、久しぶりに知らない番号からの着信があった。騒動が報じられていた頃、連日連夜かかってきていたマスコミからの電話を思い出して怖くなったが、思い切って出てみた。

その電話の主が、かつて西麻布の交差点で名刺交換をした、ミツナリさんだった。

ミツナリさんは清掃の会社を経営されていた。西麻布で偶然会ったときは芸人だった僕が今は同じ、清掃業界にいる。

「入江さんが清掃の仕事をされているのをネットニュースで見て、清掃業界が大きく変わる気がしました。ぜひお会いして、お話できませんか？」

西麻布で会ったこと、名刺交換をしたことは正直、よく覚えていなかったが、ミツナリさんの声に熱いものを感じ、会いに行くことにした。

ミツナリさんは音楽活動をしていた元アーティストだった。でも、奥様の妊娠を機に「家族をしっかり食べさせていこう」と、清掃会社を立ち上げたということだった。

人前に出る仕事から清掃業への転身。その理由は大きく違うが、僕と共通するものがあった。

ミツナリさんは清掃業のイメージを変えたいと努力されていた。

「清掃はすごくいい仕事なのに、暗いイメージをなかなか払拭できないんです。でも、入江さんに入っていただければ、明るいイメージに変えていけると思うんですよ。ぜひ、力を貸してください！」

今の僕にそんな力があるんだろうか……。僕は躊躇した。

でも、ミツナリさんの言葉は力強く、僕に「できる、できないじゃない。一緒に頑張ってみたい」と思わせてくれるのには十分だった。

ミツナリさんとはそれから連絡を取り合うようになり、今も協力し合う仲だ。

もしもあのとき、「もう安易に人に会いに行くのはやめよう」と思っていたら、人と会うことが怖くなっていたら、この縁は生まれなかった。

そう考えると、「やっぱり、人に会わないと何も始まらない」という思いと「同じ過ちを繰り返してはいけない」という思いが交錯し、僕を困惑させた。

元気で明るい清掃員

実は、清掃の仕事に携わる中で、僕が思い描くようになった理想のイメージも「元気で明るい清掃員」というものだった。

作業中も元気で明るく、なんだったらお客様を笑わせて楽しませることができるような清掃員。

自分自身が実践するにしても、なかなか難しいことではあるが、そういう人たちと仕事ができたら、きっと楽しいだろうな、現場に行くときも前向きな気持ちになるだろうなと思った。

仕事に慣れるに従い、僕は少しずつ実践を始めていった。

たとえば「ＷＢＣ理論」。

「人脈力」「後輩力」など、コミュニケーション術を講演などで話させてもらっていたとき、僕が特に大事だと思って伝えていたのが「ＷＢＣ理論」だった。

Ｗは「笑う」。職場や飲み会、誰かと一緒にいるときは明るくよく笑うこと。

Ｂは「ビックリする」。上司や先輩、誰かの発言にはビックリするなど、大きなリアクションをとること。

Ｃは「チェックする」。上司や先輩、誰かが言ったことをそのままスルーするのではなく、きちんとチェックして覚えておくこと。

たとえば、「いい」と言っていた本や映画をチェックして感想を伝えたり、「以前にも、〜とおっしゃっていましたよね」などと、「あなたからうかがったことはしっかり覚えていますよ」という思いを伝えたりすること。

これは僕が芸人として生きる中で体得したことだ。こういうことを実践している後輩は間違いなく先輩にかわいがられるし、信頼される。

芸人の間だけでなく、一般社会でも十分通用することだと思って、伝えてきた。

これを清掃の現場で、自分自身で使ってみることにした。

エアコンクリーニングのとき。モロさんが、周りが濡れないようビニールでカバーしたエアコンに向かって水を噴射する。するとビニール伝いにカビと汚れで真っ黒になった水が流れ落ちてくる。

そこで僕は「うわー、めっちゃ汚れが落ちますね！」と、声を上げる。

モロさんは「そんなリアクションされたことなかったです！　めっちゃ気持ちいいです！」と喜んでくれる。

そうして盛り上がっていると、お客様も「ホント、すごい！　写メ撮っていいですか？」と、笑顔で入ってきてくれる。作業をしている空間が自然に明るく楽しいものになる。

こんなふうに「元気で明るい清掃員」でいると、お客様も一緒に楽しんでくれる。僕は、お客様のことを「もっと楽しませたい！」と思うようになっていった。

エアコンの内部をモロさんが清掃している間、カバーとフィルターを洗うのが僕の仕事だ。カバーとフィルターは浴室をお借りして洗う。

お客様に「お風呂場を使わせてもらっていいですか？」とおうかがいするときに、

「僕が入るわけじゃないですけどね」と言う。

クスッと笑ってもらえると、「今日は調子がいいぞ」となるが、めちゃくちゃスベってしまうこともある。

作業が終わって、「お茶を飲んでいかれませんか？」と言っていただいたときは、遠慮なくお茶をいただきながら、あれこれお話する。

お客様が笑ってくれると、僕は調子に乗って夢中になって話してしまう。あるときは話しながら、あぐらを組んでしまっていた。

それには、横にいたムライさんから「入江さん、あぐらはちょっと……。友達の家に来てるんじゃないんですから」と、注意されてしまった。

でも、清掃する以外にも積極的にコミュニケーションをとって、お客様に楽しんでもらえる清掃員ってやっぱりいいんじゃないかな、と思った。

そうやって芸人の経験を活かしながら、僕なりの清掃員を目指してみたい。

清掃業界を変える、なんてことはおこがましくてとても言えないが、僕にできること、僕らしい清掃の形が少しずつ見えてきたような気がした。

始動

最初の面接で、「二カ月で独立します」と言ってしまったせいで、ムライさんからは「そろそろですか?」「どうしますか?」と、たびたび聞かれていた。

もちろん、独立する気持ちに変わりはなかったが、実際に二カ月でマスターできるほど、清掃は甘い世界ではなかった。家電や設備も日々進歩していく。ひと通りの清掃はできるようになっても、さらに知らないことが次々にやってきた。日々勉強、日々修業だった。

そして、二〇二〇年六月四日、僕はおよそ一年ぶりにツイッターを更新した。

「新型コロナウイルス感染症で世界が困難な状況にある中で、私自身に関するご報告をさせて頂きまして大変恐縮です。

私の不徳の致すところにより、御世話になってきた関係者の皆様、吉本興業、先輩、同期、後輩に多大なるご迷惑をおかけしてしまい誠に申し訳ございませんでした。

私は、吉本興業を解雇になった後、清掃業のアルバイトをしてきました。この経験を自分の会社に活かし、引き続き、真摯に仕事に励んでまいる所存です。

これまで頂戴したご意見はもとより、今後も皆様からのご意見を謙虚に受け止め、もう二度と同じ過ちを繰り返さないように、しっかりと歩んでいきたいと思います」


六月四日は、一年前、吉本興業を契約解除となった日だった。

翌日には、矢部もツイッターにこんな言葉を投稿してくれた。

「入江君が新しい一歩を踏み出しました。見守っていきたいと思います」


ありがたいことに、スポーツ新聞やネットニュースが、僕と矢部のツイートを取り上げてくれた。

取材の依頼も複数きた。以前のように騒動のことではなく、「セカンドキャリア」というテーマのものが多かった。

自分に宛てられた言葉が怖くて見られなかったＳＮＳの書き込みも、意を決して見てみることにした。

たくさんのお叱りの言葉を頂戴することを覚悟しての投稿だったが、一年前とは違い、応援や励ましの声が多く寄せられていることに驚いた。ありがたかった。

七月七日、僕は株式会社ピカピカを立ち上げた。

立ち上げ日は先輩のゲッターズ飯田さんに相談して、一番運気のいい日を選んでいただいた。

社名の候補は、自分の中でいくつかあった。わかりやすく、すぐに「清掃会社だ」ということがわかるような名前にしたかった。

そして僕自身、セカンドキャリアの「ピカピカの一年生」だ。両方の意味を込めて、株式会社ピカピカにした。

立ち上げたとはいえ、すぐに仕事をいただけるわけではないので、七月中は準備期間として、ムライさんのところでの仕事も続けていた。

仕事の合間、モロさんはホームセンターでの買い物に付き合ってくれ、清掃用具で必要なものをいろいろアドバイスしてくれた。ムライさんも、薬剤などの会社が安く良質なものを仕入れられるか、車はどんな車種がいいかまで、あれこれ親切に教えてくれた。お二人が損得抜きで僕の独立を応援してくれているのが伝わってきた。

八月一日、ピカピカの本格始動を前に、ムライさんは、

「今までありがとうございました。現場で判断に迷うことがあったら、なんでも聞いてくださいね」

と、快く送り出してくれた。

その言葉に甘えて、現場でわからないことがあると、今でもムライさんやモロさんに相談している。

モロさんは「寂しいですよ。入江さんと一緒にいるの、本当に楽しかったんで」と言ってくれた。

僕も本当に寂しかった。ムライさん、モロさんがそばにいてくれたおかげで、どれだけ救われたかわからない。

このお二人に巡り合わなかったら、清掃の仕事もすぐにやめていたかもしれない。今もまだ部屋に閉じこもっていたかもしれない。

今は恩返しどころか、頼ってばかりだけれど、いつかは頼ってもらえる人間になりたい。これからも、ずっと一緒に頑張っていくと心に決めている。

社長の責任

ピカピカの始動早々、トラブルが起きた。

タワーマンションのベランダのクリーニングのご依頼だった。高圧洗浄機で水を流して、無事、クリーニングを終えたと思っていた。

お客様に「すごくきれいになりましたね」と喜んでいただき、ほっとしていたところ、管理人室から電話がかかってきた。

聞くと、下の階のベランダにまで水が流れてしまっているという。

急いで謝りに行くと、下の階にお住まいの方はものすごく怒っていた。僕はひたすら頭を下げ、そちらのベランダも清掃することで、なんとか納得していただいた。

こういうとき、以前ならムライさんが前に出て、対処してくれていた。僕が怒られたり、責任を取ったりすることはなかった。

でも、今は僕が社長だ。責任を取るのは僕の仕事だ。

帰宅すると、緊張で張りつめていた体からすべての力が抜けてしまった。自分の未熟さを痛感した。

その日の夜、気づけばモロさんに電話していた。モロさんは笑いながら、僕の話を聞いてくれ、励ましてくれた。

現場に行くための運転も新たに僕の仕事となった。それまではモロさんがずっと運転してくれていた。

たくさんの清掃用具を詰め込み、スタッフを乗せて、お客様のところへ行く。初めて通る道、知らない場所、慣れない新しい車。毎日、緊張の連続だった。

朝から運転して、清掃して、また運転して……。想像以上にしんどかった。

「モロさんも本当はしんどかったのかな……」

遅ればせながら感じた。

そんなふうにモロさんへの感謝とともに、ムライさんへの感謝もさらに深まった。

アルバイト時代は洗剤やウエス（雑巾）、その他のものもすべて会社の備品だった。つまり、ムライさんが用意してくれていたものだった。

あるとき、ムライさんに「入江さん、洗剤はもうちょっと少しずつ使ってください」と言われたことがあった。

そのときはピンとこなかったが、いざ自分が社長になってみて初めて、あのときのムライさんの気持ちがわかる。

用具や薬剤もすべて自分で買って揃える。洗剤も決して安くない。必要以上に使われたら、黙ってはいられないだろう。そんなことがアルバイト時代の自分はわかっていなかった。

ピカピカ始動当初は、三十二歳のヒガシくんと二人で現場に出ていた。

ヒガシくんは大阪で働いていたのだが、コロナなど厳しい状況が重なり、「新しい環境で、新しい仕事にチャレンジしたい」と思うようになっていたらしい。

僕がお世話になっている方から紹介していただいた縁で、株式会社ピカピカの仕事を手伝ってくれることになった。

その後、名古屋出身の二十七歳、ＩＴの自営業をやっていたスエヨシくん、大阪でホストをやっていた三十歳のエシロくんという、アラサーのセカンドキャリア組がそろった。

仕事が立て込んで大変なときはミツナリさんや、ムライさんが紹介してくれたハンドウさんに応援に来てもらう。いてくれるだけで心強い、清掃のプロだ。

僕の三年後輩の芸人、ツーナッカンの中本幸一くんも実は清掃の仕事を十六年も続けている清掃のプロだった。

特に床掃除をやらせたら、右に出る者はいないんじゃないか……と思うくらい、すごい。床掃除の依頼がきたら、決まって中本くんにサポートしてもらう。頼れる助っ人そのものだ。

たくさんの人に支えられ、ピカピカは一歩ずつ歩み始めた。ゆっくりとだが、前を向いて着実に。

「人間死ぬときや」

そんなバタバタな日々の中、村上ショージさんに食事に誘われた。

ショージさんとは一緒にユニットコントをさせていただき、よく食事にも連れて行っていただいていた。どの現場でお会いしても優しかった。

契約解除になったときも、すぐに電話で報告した先輩の一人だった。

その電話にショージさんは「マジか？　なんでや？　ちょっと待て。会社に掛け合うわ」と言い、本当に掛け合ってくださった。

その後、「入江ごめん。あかんかったわ。何にもできへんでスマン」という電話をいただいた。大先輩が何度も何度も謝ってくださる声を聞いていたら、申し訳なさで涙が溢れた。


お会いするのは一年ぶりなうえに、二人きりで食事するのは初めてだった。

ショージさんが予約してくれた焼き鳥屋さんで待っている間、僕はどんどん緊張が高まっていっているのを感じた。

何を話そう。まず、なんて言って挨拶しよう。どんな顔をして待っていればいいかもわからなかった。

でも、現れたショージさんは以前と変わらない優しい笑顔だった。空間全体がショージさんのもつあたたかさに包まれたようで、僕の緊張も一気にほぐれた。

「インスタ見てるで。頑張ってるなぁ。偉いなぁ」

僕にはもったいない言葉をいただき、たくさんのことをお話しした。

「入江、人間死ぬときや。死ぬとき笑えていたら、それでええねん。どんな人生送れたか、最後に決まるねん」

心にズシリと響いた。

あたたかい言葉がうれしかったが、一方で「死ぬとき、僕は果たして笑えているんだろうか」という思いが頭をかすめ、僕は少し怖くなった。

優しさ

そんなふうに考えてしまうのは、今回のことにたくさんの人を巻き込んでしまったからだ。

僕自身が闇営業問題で責任を問われるのは当然のことだ。でも僕によって巻き込まれてしまった人たちが同じ目に遭うのはいたたまれない。僕一人の問題だったら、たとえ契約解除になってもこれほど苦しくはなかった。どうして僕は安易に人を巻き込んでしまったのだろう。今も繰り返し後悔している。

ザブングルとはカラテカがデビューしてすぐくらいにライブで出会い、番組での共演などもあって仲良くなった。もう二十年以上の友達だ。

仲がいいから直営業にも誘いやすかった。松尾陽介くんは僕を信用してくれていたから、問題となった忘年会に相方の加藤歩くんとともに来てくれた。

騒動が起こり、ザブングルも謹慎となった。僕はすぐに、松尾くんと加藤くんに謝ろうと電話をした。留守電になっていたので伝言を残し、LINEもした。メッセージを打つ手が震えていた。

少しして、松尾くんから返事がきた。

「とにかく今は入江くんは耐えるときだと思います。数年もすれば入江くんは絶対に立ち上がれる人だと信じています。僕もですが。

とにかく心折れずに頑張りましょう。誰がなんと言おうと僕は入江くんのことを信じています」

それからも、ずっと連絡を取り続けてくれた。

二〇二〇年になり、久しぶりに松尾くんのお店に彼の顔を見に行った。お店を始めるとき、松尾くんは僕にクリーニングを依頼してくれていたのだ。

お店には偶然、松尾くんのご両親が名古屋からいらしていた。

ご両親にはそれ以前にもお会いしたことがあったが、息子さんを巻き込んでしまったことで、どんな顔でご挨拶をすればいいかわからなかった。

戸惑っている僕に、松尾くんのお母さんは笑顔で、「入江さん、お久しぶりです。ずっと息子がお世話になっています。ありがとうございます」とおっしゃった。

聞けば、この日はお母さんの誕生日ということだった。誘われて、僕も一緒にお祝いの乾杯をした。

松尾くんもご両親も笑顔だった。でも、そんな笑顔の裏で「ご両親もきっと松尾くんのことを心配しているに違いない」と思うと、グラスがずっしりと重く感じられた。

そして二〇二一年三月、ザブングルは解散し、松尾くんは芸能界を引退した。

「騒動の前から考えていたことですから」と、松尾くんはしきりに言った。

本当にそうなんだろうか？　でも、騒動の影響がまったくないなんてことはあり得ないと思う。

あの日、乾杯を交わした松尾くんのご両親の優しい笑顔が浮かんだ。

「ごめんなさい……」

謝罪の言葉が口をついて出た。届くはずはないが、頭を下げずにはいられなかった。

松尾くんと同じく、騒動に巻き込んでしまったレイザーラモンＨＧもピカピカを設立してすぐに浴室清掃を依頼してくれた。

自宅を訪ねると、奥様の杏奈さんが迎えてくれた。僕がまず謝ろうとすると、それを遮るように、「暑い中、本当にすみません。主人も仕事が終わったらすぐ帰ってきますので、よろしくお願いします」と、笑顔で中に通してくれた。

ＨＧは帰ってくると、玄関から真っ直ぐ、僕が作業している浴室に来てくれた。作業着の僕を見ると、

「入江くん、前に進んでるね。輝いているよ、偉いよ、カッコいいよ。俺も頑張る！」

そう、力強く言ってくれた。

どうして皆、ご家族の方までも、こんな僕を気遣い、優しく接してくれるんだろう。

今もふとしたときに、そうした人たちの顔が思い出されることがある。そのたび、その場に土下座したい思いでいっぱいになって、胸が苦しくなる。

この感情は一生、なくなることはないのかもしれない。いや、なくしてはいけないものなんだ。

劇場

ある日、今は放送作家をされている先輩、石原健次さんからエアコンクリーニングの依頼をいただいた。

二十四年前、劇場でカラテカがデビューしたとき、MCを担当していたのがインパクトというトリオで活動していた石原さんだった。

カラテカのネタがスベったときは、石原さんのトークでいつも笑いに変えてくれた。

一年目で誰も僕らのことを知らないときからインパクトの単独ライブに出演させていただいたり、食事に連れて行っていただいたり、石原さんが放送作家になってからは、担当する番組に何度も呼んでいただいたり、たくさんお世話になった。

芸人社会のルールなど、石原さんに教えてもらったことも数えきれない。

騒動の渦中で、僕が部屋から出られないとき、石原さんは副業でやっている餃子屋さんの餃子を「これ食べて元気出せ」と、食べきれないほど送ってくれた。「近くまで来たから」と、わざわざ顔を見にきてくださったこともあった。

「入江には世話になったからな」と言ってくれるのだが、僕にはそんな覚えはない。思い出すのは、お世話になったことばかりだ。

このときも「エアコンがポコポコ変な音がしているから見てほしい」と言われてうかがったのだが、特に変な音は出ていなかった。

ひと通りのクリーニングを済ませ、「別に変な音はしませんでしたよ」と言うと、「そうか？　じゃあ、直ったのかなあ」などと言って、首をひねっていた。

きっと最初から、音なんてしていなかったんだと思った。僕に依頼する口実だったんだと。


ガレッジセールのゴリさんからは浴室清掃の依頼をいただいた。

カラテカがデビューした劇場で、ガレッジさんは活躍されていた。以来、ガレッジさんがどんどん人気者になっていく姿を近くでずっと見ていた。

ゴリさんのお宅には、二十五歳のピカピカのスタッフと二人で行った。スタッフは物心ついたときからテレビの中にいるゴリさんを見て育った世代だ。「目の前にゴリさんがいることが夢のようです」と、目をキラキラさせていた。

ゴリさんにお会いするのは、久しぶりだった。

「入江、何もできんで本当にごめんな」とゴリさんは言って、「お釣りはいらない」と多めに料金を払ってくださった。

まだ売れていないとき、借金してまで僕ら後輩におごってくれていたゴリさんを思い出した。いつも本当に優しかった。

これより少し前、相方の川田さんからも「入江、明日会えないか？」と突然、連絡をいただいていた。

翌日、清掃の仕事を終えて、約束の場所に向かった。川田さんは僕が行くと立ち上がり、がっちり握手をしてくれた。

そして、「入江、ごめんな。何にもできず、本当にごめん」と、いきなり謝られてしまった。

川田さんは「俺はあのとき、逃げた」とおっしゃった。

「騒動が大きくなって怖かった。本当はすぐにでも入江に会いに行きたかったのに、怖くて行けなかった」と。

そして、川田さんの親友が最近亡くなられたという話をされた。

「人間、いつ死ぬかわからない。ずっと入江に会わなかったことが引っかかっていてさ。

後悔したくないから、昨日連絡したんだ」

川田さんがそんなふうに思ってくださっていたとは思いもしなかった。うれしかったが、僕のせいで川田さんを一年も思い煩わせていたかと思うとまた胸が苦しくなった。見えないところで、こういう形の迷惑をも僕はかけてしまっているのだ。

石原さんもガレッジさんも同じ劇場で濃密な時間を過ごさせていただいた先輩たちだ。劇場の絆とでもいうのか、劇場には不思議な力がある。先輩たちのお顔を見ると自然に、芸人になり立てだった頃の、若くて何も知らなかった自分に戻ってしまうのだ。もう決して若くはないし、芸人ではなくなってしまった今でも。

YouTube

ピカピカを設立してからというもの、自身のＹｏｕＴｕｂｅチャンネルを持っている芸人さんから声をかけていただく機会が増えた。

僕が出ることでそのチャンネルのファンを不快にさせてしまうかもしれないし、声をかけてくれた芸人さんに迷惑がかかるかもしれない。

そう思うと、なかなか決心がつかなかったが、僕に声をかけてくださった方の期待に応えたい。そんな思いが強くなり、出てみることにした。

今田耕司さんから連絡をいただいたときは、あまりのことに言葉が出なかった。

近くでずっと見てくださっていたからこそわかる、僕の変化をいち早く察知し、常々、厳しくも愛のある忠告をしてくださっていた今田さん。

だが、すべて今田さんの指摘通りであったこと、その言葉の重みに気づいたのは騒動が起きてしまってからだった。

自分の忠告を無視して、心配されていた以上の事態を引き起こしてしまった僕に、また声をかけてくださるなんて……。

動画では、今田さんのご自宅を清掃している僕の姿を撮影しながら、「僕は今、コロナで自粛中なんですけど、アナタ、違う自粛してはりましたよね?」などといじってくれた。

できあがった動画を見ると、僕の顔にはわざと薄いモザイクがかかっていて、自分でも笑ってしまった。

今田さんはそれから年末には必ず、ご自宅の清掃を依頼してくださる。今田さんと会える大事な機会であり、楽しい現場になっている。

スピードワゴンの井戸田潤さんはハンバーグ師匠として僕を迎えてくれた。清掃依頼をいただいた部屋を訪ねると、ハンバーグ師匠が待っていて、僕が作業している様子を実況し続けたのだ。

「あれ？　あの作業員さん、入江に似ているぞ」などと、終始ボケてくれていて、あんなに笑いながら作業したのは初めてだった。

極楽とんぼの山本圭壱さんには泣かされてしまった。

「俺たちキズモノは頑張るしかないのよ。……一緒にしちゃいかんけど」と励ましてくださり、僕とスタッフにごはんを振る舞ってくれた。そして、ご祝儀までくださった。

山本さんは僕が契約解除になったときも、「謹慎は俺のほうが先輩だからな。しんどかったら言えよ。宮崎にはかくまってくれる場所もあるからな」と、言ってくださった。笑わせようとしているのか、本気なのかわからないところに余計に愛情を感じて、泣かされてしまうのだ。

インパルスの堤下敦くんは自分のチャンネルに僕を呼んだことを「後輩の僕が、先輩

った。

「それでも、少しでも、入江さんのために何かできないかと思って……」と。

生意気だなんて、これっぽっちも思わなかった。堤下くんの気持ちが素直にうれしかった。

の入江さんに生意気なことしてすみません」と、ひどく恐縮していた。

お客様第一号

芸人時代、カラテカで月に一回、カラテカライブという新ネタライブをしていた時期があった。後輩芸人何組かとカラテカで新ネタを披露するライブだ。

このライブに毎回、必ず来てくれる大学生の男の子がいた。最初は僕の知人に紹介されたのだが、それからは毎回、彼が友達を十人も連れて来てくれるようになった。「カラテカのファンです」と言ってくれていた。

ある日のライブ後、少し話していると、彼は「僕、サウナが好きなんです」と言った。僕は、おすすめの中目黒のサウナを教えた。

すると、彼はそのサウナに行くたび僕に「サウナ、すごくよかったです。いつか入江さんとサウナに行くのが夢です」と、ＬＩＮＥを送ってくるようになった。

僕が吉本興業を契約解除になったときは、励ましのLINEをくれた。

渋谷でゴミ拾いの活動に参加するようになったとき。何回目かのゴミ拾いに行くと、参加者の中に彼の姿があった。

驚いて尋ねると、「フェイスブックで、入江さんがここに参加しているのを見ました。僕も参加します」と、それから毎回来るようになった。

ゴミ拾い終わりには毎回、サウナに誘われた。まだ人に見られるのが怖いときだったから行けなかったが、「まだ、僕とサウナに行くのが夢だと思っていてくれているのかな？」と思った。

僕がピカピカを設立したことがニュースになった次の日、彼から久しぶりにLINEがきた。

「独立おめでとうございます。入江さんに僕の部屋のクリーニングを頼みたいです」

驚いた。

僕は「無理しないでいいよ。気持ちだけで十分うれしいから」と伝えたが、彼は「どうしてもお願いしたいんです」と譲らなかった。

僕は一人で彼の家へ行き、ユニットバスとキッチンを全力できれいにした。舞台に立っている姿ではなく、清掃している姿を見てもらった。

この彼がピカピカのお客様第一号だった。

広がり

『友だち5000人芸人』として活動していたとき、千葉県松戸市の青年会議所から講演の依頼を受けた。オオモリさんは主催者の一人で、以来、カラテカライブのチケットを毎回たくさん買ってくださったり、後輩芸人も一緒にごちそうしてくださったりと、いつも応援してくださっていた。騒動後も変わらず連絡をくださり、支えてくださった。

ピカピカ設立から半年ほど経った頃、そのオオモリさんから意外な申し入れがあった。

「ピカピカのフランチャイズとして、千葉支店を出させてもらえませんか?」

僕の中でオオモリさんは「建築業の方」だった。意外に思って話をうかがうと、清掃事業も手広くされていることがわかったが、それならわざわざピカピカの看板など掲げる必要はないのでは……と感じ、素直にそう伝えた。

それでも、「入江さんと一緒にやりたい」と言ってくださった。

どんな言葉にすれば、この感謝と感動がオオモリさんに伝わるのかわからなかった。

僕はただただ「ありがとうございます！」と、頭を下げた。

ピカピカに支店ができる。僕が立ち上げた小さな会社に、そんな広がりが生まれるなんて。

実を言えば、頭のどこかでそんなことを考えてもいた。

第二の人生において何をもって「成功」とするのか、世間の人に「入江、頑張っているじゃないか」と思ってもらえるのか、あれこれシミュレーションする中に、「ピカピカの全国展開」というものもあった。

「いきなり、そんな大風呂敷を広げるな。地に足をつけていけ」と思いつつも、「全国展開」という言葉の響きに魅かれてしまう自分がいた。

ピカピカ社員の採用面接においても、「いずれは独立したい」という気概をもっている人にどうしても魅力を感じてしまう。

もちろん、ずっと一緒に働いてほしいのだが、たとえば「いつ、どうやって、どんな独立をしたいのか」「そのためには今、何をすればいいのか」、そうしたことを逆算して働ける仲間というのはものすごく心強い。

今となっては、ムライさんに「二カ月で独立する」と大見得を切ったのは恥ずかしい話だけれど、「具体的な目標を定めて、それに向かって邁進する」という考え方に共感してくれる人とはより一層、いい仲間になれる気がした。

僕とムライさんがそうであるように、独立したからといって縁が切れてしまうわけではない。清掃業は「競合」ではなく、「協業」ができる業種だということを改めて実感してもいる。

ピカピカの第一期社員であるヒガシくん、スエヨシくん、エシロくんはそれぞれ独立希望だった。「なるべく短期間で必要なことをしっかり吸収して、自分の城を持ちたい」という気概をもっていた。

そして、「ピカピカの支店として独立したい」と言ってくれた彼らには、清掃の技術的なこと以外にも伝えたいことがたくさん出てきた。

現場での雰囲気づくりやお客様とのコミュニケーションの取り方、新規のお客様の獲得方法、リピートにつなげる方法……など、自分の城を成長させるに当たって大事なことはたくさんある。

リピートしてくださるお客様は、自分のファンだ。どうやったら、ファンになってもらえるか。考えながら現場にいるだけで、結果が違ってくる。

僕が現場で、ＷＢＣ理論を実践しているように、それぞれの理論を確立して、お互いに切磋琢磨していけたら、よりお客様にも満足していただける、いい会社に成長していけるはずだ。

幸せなことに、ピカピカはそんな活気に満ちていた。


エシロくんは二〇二一年三月に、地元の大阪で「ピカピカ大阪支店」を立ち上げた。大阪支店でエシロくんをサポートしていたスエヨシくんも、大阪支店が軌道に乗ったことで、自分の支店を立ち上げる準備を始め、二〇二一年十二月に名古屋支店をスタートさせた。

そして、オオモリさんにお任せすることになった千葉支店に続いて、神奈川支店も誕生した。二〇二二年十二月現在、さらに埼玉、新潟と支店が増えていっている。

新入社員

独立していったエシロくんたちの後継として、東京本店を盛り上げてくれる頼もしい新入社員も迎えることができた。

これは、極楽とんぼの山本さんのおかげだった。

山本さんから再び清掃の依頼をいただき、ＹｏｕＴｕｂｅにも出させていただいたときのこと。

社員の独立の話になり、僕は「独立は頼もしくてうれしいんですけど、東京本店に人がいなくなっちゃうんですよ」と、言った。

山本さんは「それなら、今ここで社員募集をしよう」と言ってくださった。ありがたいことに、たくさんの応募がきた。山本さんの力に改めて驚いた。

今の新入社員二人も、その動画を見て、ピカピカ宛てに熱い気持ちを長文のメールにして送ってきてくれた。

三十七歳のミウラくんは十五年間、役者をしていた。しかし、コロナ禍で仕事がなくなり、アルバイトだけの生活になっていた。

そんな中、山本さんと僕の動画を見て、アルバイトだけでなく、役者も辞めて、飛び込んできてくれた。

三十三歳のヒガくんは、高校ラグビーで花園にも出場したアスリートだ。警察官の試験に合格したが警察官にはならず、アルバイトをしていたという。

山本さんと僕の動画を見て、「本気で自分を変えたい！　挑戦したい！」と思って応募してくれた。

面接に来たとき、すでにアルバイトも辞めていた。彼の覚悟を感じた。

試用期間中も清掃を覚えようと必死に取り組んだ二人は、晴れてピカピカの正社員となった。

ピカピカは、二人にとって初めて正社員として入社する会社だ。名刺を持つのも人生初という彼らの熱い気持ちに、僕も精一杯応えたい。

彼らと現場をともにするたび、山本さんの顔が浮かぶ。山本さんからお預かりした人材のように思えて、彼らに教えながら清掃する僕の手にも一層の力が入る。

楽しい現場

ピカピカの社員になる人には絶対伝えようと思っていることがある。

まず、すでに書いた通り、「具体的な目標をもつことの大切さ」。

人生においての目標も大事だが、日々、小さい目標を立てて実行してみる。

たとえば現場を見て、「この現場を三時間で終わらせよう」。そう目標を立てて清掃を始めて、三時間を切って終わらせられると本当に気持ちがいいし、自信にもつながる。そんな日々の小さな目標設定が自分を成長させてくれていると思っている。

次に「いつも明るく、元気でいること」だ。「挨拶は大きな声でしよう」「つらいことがあっても、現場では明るくいこう」と、社員には日々伝えている。

これは清掃の仕事を始めたとき、自分自身に課してきたことだった。気持ちがどんなに後ろ向きでも、大きな声で挨拶し、現場で明るくいれば、次第に気持ちも前向きに変わってくる。

皆で「元気で明るい清掃員」になって、それをピカピカのブランドイメージにしたい。まだまだ課題ばかりのピカピカだが、「移動の車中の明るさ」に関しては、現段階でも業界ナンバーワンを誇れるかもしれない。

朝一番の移動から、誰からともなく話が始まり、笑いが起きる。

車中のテンションそのままでお客様の前に出るので、「おはようございます！」「よろしくお願いします！」の挨拶が元気になる。もちろん、笑顔百パーセントだ。

ランチタイムの明るさも自慢できるもののひとつだ。

毎日、「今日、何が食べたい?」とその日行く現場近くのランチ情報を調べ、皆であれこれ候補を出し合い、盛り上がる。

社長も社員も関係ない、それぞれの意見を毎日言い合うことで、なんでも発言しやすい空気が生まれる。結果、いいチームワークが育っていっているように思う。

移動の車中もランチタイムも「仕事とは関係ない」と言われてしまえば、そうかもしれない。

でも、清掃はサービス業だ。仕事の根底に「お客様に喜んでいただく」という精神がないと、お客様に本当の意味で満足していただくことはできないし、何より仕事をしている側もどこかで無理をすることになってしまう。

仕事でも仕事じゃなくても、目の前のことをいかに面倒くさがらず、ポジティブに楽しめるか。自分のベストではなく、お客様やチームのベストを目指せることがサービス業における鉄則のような気がしている。

そして、社員にそういう姿勢、考え方を自然と身につけられる環境をつくることが、社長である僕の一番大事な仕事だ。

清掃は肉体的にはきつい仕事だけれど、「なんだか現場は楽しいな」「今日もたくさん笑ったな」と思ってもらえたらうれしい。

僕も面倒くさがらず、目の前の社員を笑わせることにも頑張っている。もしかしたら、芸人のときよりも笑いをとりにいっているかもしれない。

「トーク0円」

ピカピカ創業から一年が過ぎた頃から、僕の思いがピカピカの思いになってきているのを感じるようになった。

朝の挨拶、お客様への第一声が大きくて明るい。気を抜くと、僕の声が一番小さくなってしまうくらいだ。

帰るときも自主的に「また呼んでください！」「またお願いします！」という元気な声が飛び交う。

お客様によく言われるのが、「ピカピカの皆さんって、仕事をこなしている感じがしないですよね」という言葉だ。これは社長として、とても誇らしい。

あるとき、ご依頼をいただいたレンジフードがものすごく汚れていたことがあった。

お客様も「落ちますか？　ひどい汚れですよね」と申し訳なさそうにされていた。

僕も内心、「これは時間がかかるなあ……」と思いつつ、お客様には「汚れを落とすのが僕らの仕事なので、気になさらないでください」と答えようとしたところ、エシロくんがボソッと僕にささやいた。

「入江さん、これは落とし甲斐がありますね。僕、やる気が出てきました」

「元気に明るく清掃しよう」と言い続けていた僕も驚くポジティブな言葉だった。

その言葉はお客様にも聞こえていたようで、帰り際、

「お掃除大変なのに、あんなふうに言ってくださる方いないですよね。ピカピカ、いい会社ですね。またよろしくお願いします」

そう、笑顔で伝えてくださった。エシロくんも喜んでいた。

明るくいると、気持ちがいい。そして、周りもつられて気持ちよくなる。

ピカピカのＨＰにはお仕事依頼の特典として「トーク０円」と載せている。

「清掃終了時にたわいもないお話で楽しいひと時を少しでもご提供できましたら幸いです。スベる場合も多々ございますので、予め、ご了承ください」

汚れたところをピカピカに気持ちよくするのと同じように、お客様の気持ちを少しで

も僕らでピカピカに、元気にしたい。そんな気持ちで現場に臨んでいる。

鎌倉の現場に行った日。仕事終わりに寄り道して、ヒガシくんとエシロくんと三人で海を見た。

波がキラキラ輝いていて、風が気持ちよくて、なんだか青春な感じがした。シンプルに「もっと頑張ろう！」と思えた。

芸人一年目、矢部と「天下獲ろうな！」と言っていたときの気持ちを思い出した。すっかり忘れていた気持ち。四十三歳でフレッシュな気持ちを取り戻せたのがうれしいような、恥ずかしいような気持ちになった。

売れたい気持ち

マスコミに取り上げていただくことも増え、会社としてようやく形になってきたピカピカだが、課題はまだまだ山積みだ。

会社のＨＰと僕のＳＮＳを通して、依頼は少しずつ入ってきているが、リピートにつなげるのはすごく難しい。

それでも月に一度、定期清掃を任せてくださっているお客様がいる。定期清掃は、芸人の仕事にたとえればレギュラー番組だ。このご時世、その依頼をいただくのは当然、簡単ではない。

どうやって定期清掃を増やしていこうか、考えあぐねていたとき、芸人時代からお世話になっているユトウさんから連絡をいただいた。

「弊社で抱えている物件の定期清掃を入江さんにお願いできませんか？　ピカピカに全面協力させてください」

ユトウさんは不動産の会社を経営されている。あまりに大きな仕事に驚いて、うまく返事ができずにいる僕に、ユトウさんは、

「入江さん、芸人時代よりデカくなりましょう！　ビジネスのことなら、少しはお手伝いできますから！」

力強く、そう言ってくださった。

そんなうれしいご依頼もあるのだが、ピカピカのレギュラー番組は今もそれほど多くない。

レギュラーが少ないと、毎月、白が目立つスケジュール表でスタートすることになる。社長としてすごく怖いことだ。

ある月の初め、どうやって白いところを埋めていこうか、スケジュール表をにらんでいたとき、ふと気が付いた。

スケジュール表の白さに悩むのは、芸人のときと同じだった。

でも、芸人のときと明らかに違うことがあった。それは意外にも、気持ちが少し楽になっていることだった。

「売れたい」と思っていることは昔も今も変わらないのだが、芸人時代は「売れたい」というシンプルな思いのその裏に、「同期より売れたい」とか「売れている後輩になめられたくない」とか「尊敬する先輩に認められたい」といった、つまらないプライドみたいなものがたくさん絡みついていた。

今は、清掃会社としてシンプルに「売れたい」と思う。

せっかくお仕事をもらえたのに、うまく笑いが取れないこともあった芸人時代にくらべて、今はどんな汚れもピカピカにして、お客様を笑顔にできる。その充実感はたとえようもなく大きい。

禊

清掃のバイトを始めてから、たびたび「仕事は部活！」と自分に暗示をかけていた。大事な試合を目前にした部活なら、練習のために朝早く起きるのも平気なはずだ。モチベーションも上がるはずだ。

もちろん、仕事は部活ではないし、そんなことを言ったらプロとしての姿勢を問われることは重々わかっているが、気持ちが下を向きそうなとき、「仕事は部活！」と活を入れ、気持ちのスイッチを切り替えていた。

さらにつらいときは「自分に酔う」という作戦を編み出した。

「毎日、現場に出て汗だくで働いている自分」「他の人が遊んでいる連休中も、現場に出ている自分」「スタッフと頑張っている自分」……と、悲劇の主人公のように自分に酔ってみると、案外、乗り切れる。

こうして自分の気持ちと格闘するのもすべて、この清掃という仕事を「新しい居場所」として、きちんと自分のものにしたいからだ。

正直なところ、僕は芸人という仕事にまだ未練がある。人に忘れられることを恐れてもいる。

今後、表舞台に立つことがないとしても、どこかで誰かが「そういえば今、入江って何をしているんだろう？」と思ったときに、「清掃の仕事をやってます！」「ピカピカっていう会社を立ち上げました！」「少しずつ支店も増やしています！」ということを認知してもらえるようにしていたい。

何より、僕を信じて応援してくれている人たちの気持ちに応えたい。中途半端なことをして、がっかりさせたくない。

そうやって、自分を奮い立たせている一方で、どうしようもなく落ち込むことがある。

清掃という仕事を「禊」として始めたのではないかと思われているように感じるときだ。多くの人に迷惑をかけたこと、世間を騒がせたことを反省して、清掃という仕事に就いたと思われている。なんなら、反省をアピールするためのパフォーマンスとも思われている。

清掃の仕事を始めたばかりの頃、ある先輩に言われた。

「清掃はお前が本当にやりたいことなのか？」

「世間体をよくするためのポーズではないのか?」

家に帰ってから、僕は泣いた。悔しくて悔しくて、涙が止まらなかった。ポーズと思われたことはもちろん、清掃という仕事がそう見られていることが悔しかった。

清掃は禊なんかじゃない。そんな気持ちで、パフォーマンスで続けられるものじゃない。もっと厳しくて、もっと深くて、自分にとっても社会にとってもなくてはならない大切な仕事なのだ。

ユニフォーム

こんなふうに悔しい思いをすることはまだまだ毎日のようにある。

「ご一緒にお仕事をしたい気持ちはあるのですが、入江さんの会社の口座にはお振り込みはできません」

商談をしていた相手から、そう言われたことも一度や二度ではない。

自分が今どんなに頑張っていても、イメージは騒動のときのまま。僕はまだ「反社会的勢力と関わりのあった入江」だ。

ピカピカで法人としての銀行口座をつくるのも本当に大変だった。何度も銀行に足を運び、説明をして、ようやくつくることができた。

祝いの席や公の場に出るのを断られることもある。

プライベートでも、芸人が集まって全員で写真を撮ろうとなったときは、自分からカメラマンを買って出る。僕と一緒に写らないほうがいいだろうと思うからだ。

どこかでまだ堂々とできない自分がいる。

ただ、腐ったら終わり。

「結果を残して、世間の皆さんに認めていただける日が来たときに、初めてスタートラインに立てるんだ！」と自分に言い聞かせる。

結果を残すためにはやるしかない！

でも、そもそも僕にとっての「結果」って何だろう。いったい、いつになったら、誰の前に出ても堂々としていられるようになるんだろう……。

そんな、強気と弱気の行ったり来たりを繰り返していたある日、＃ＦＲ２の石川涼さんから連絡があった。

僕が司会を務めていたネット番組にゲストで来ていただいたことをきっかけに、食事に連れていってくださったり、騒動が起きてからは何度も励ましていただいていた。

石川さんが手掛ける#ＦＲ２は、世界中の若者から熱い注目を集めるファッションブランドだ。メインロゴのウサギはかわいくも過激であり、一度見たら忘れられないインパクトで、石川さんにお会いする前から僕も大ファンだった。

「一緒に何かやろうよ」とおっしゃっていただいていたにもかかわらず、実現できないまま、僕は芸人ではなくなった。

「ピカピカと#ＦＲ２でコラボしようよ」

石川さんは僕にそう言った。ピカピカとコラボ？　どういうことだ？　#ＦＲ２の店舗を清掃するということかな？　いろんな「？」が頭の中を駆け巡った。

「ピカピカのユニフォームを#ＦＲ２に作らせてよ。もちろん、ライセンス料もなし。せめてもの応援の気持ちだから」

出来上がってきたユニフォームの左胸には、#ＦＲ２の象徴であるウサギがデザインされていた。

ピカピカ社員も#ＦＲ２ド真ん中世代だ。世界一イケているユニフォームを見て、皆、大興奮だった。

もともと「カッコいいユニフォームにしたい」と思っていた僕は、ピカピカ創業と同時に、それなりにおしゃれなユニフォームを作っていた。だが、#ＦＲ２の威力の前にはひとたまりもなかった。

初めて、そのユニフォームに袖を通して現場に立ったとき、社員も僕もうれしくて、ニヤニヤしっぱなしになってしまった。

作業中、ふと社員のほうを見ると、真っ先にあのウサギが目に飛び込んでくる。こんなカッコいい清掃現場があるだろうか？　社員たちが一段と胸を張り、いきいきと作業しているように見えた。

今も皆、汚れないように大切に着てくれている。「作業着なのに」と思うとおかしくて、そんな社員たちをかわいく思う。

石川さんの言葉で忘れられないものがもうひとつある。

「入江さん、お金をたくさん稼いでいる人はすごいかもしれないけど、仕事はお金よりもやり甲斐だよ」

やり甲斐。たしかに、もし今、ピカピカではなく、違う仕事でものすごく稼いでいたとしても、今より楽してお金が入るような仕事だったとしたら、胸を張れていなかったかもしれない。こんなふうに本にしたいとも絶対に思えなかっただろうし、お金はあっても楽しくなかったかもしれない。

清掃は決して楽な仕事ではないし、すぐにお金がついてくる仕事ではない。でも、お客様に喜んでいただけるというやり甲斐がある。自分の体と技術で勝負ができる。

実は、清掃に行く先がものすごい高級マンションだったりすると、どうしようもなくうらやましくなってしまっている自分がいた。

「お金ってやっぱりすごいなぁ」「こんな生活ができるような人には絶対に追いつけないなぁ」「どうしたら、こんなに稼げるのかなぁ」などと、作業をしながら、お金のことばかり考えてしまうことがあった。

芸人のときもお金を追っていた自分がいた。だから、進むべき道を見失ってしまった。石川さんの言葉がなかったら、また同じことの繰り返しになっていたのかもしれない。

小さな幸せ

もっとも、今の僕には道を踏み外す前に、正しい方向へ引き戻してくれる存在がいる。社員たちだ。

極楽とんぼの山本さんのＹｏｕＴｕｂｅ番組がきっかけで入社したミウラくんとヒガくんにはもう部下がいる。二人には見積もりや請求書の作成など、清掃作業以外のことも任せられるようになった。本当に頼りになる存在に成長してくれたと感謝している。

ヒガくんはピカピカの事務所から五分のところに引っ越してきた。

芸人時代、「先輩の近くに住むことはチャンスが広がること」と思っていた僕は、ヒガくんの行動力に驚き、感激した。

近くにいれば、たとえば休みのときでもいつでも駆け付けられる。僕は先輩に必要とされたくて、近くに引っ越し、呼ばれればいつでも応じていた。

それは自分の時間がないということでもある。僕から強いることは決してできないが、彼が自発的にいつでも動ける体制を整えてくれたことがうれしかった。

ミウラくんからは、ある日こう言われた。

「入江さん、会社がどんどん大きくなってきて、毎日めちゃくちゃワクワクします！役者時代の仲間も応援してくれているんですよ」

ミウラくんは僕と同じ、芸能界からのセカンドキャリアだ。新たなやり甲斐を見つけてくれたことが本当にうれしい。

二年前には考えられなかった景色を僕は今、社員たちと見ている。

社員が車で僕を迎えに来てくれるとき、僕が座る助手席にはいつも必ず水が一本、置いてある。この気遣いがうれしくて、疲れていても元気が出てくる。

驚いたこともあった。社員たちがいつの間にか、それぞれに自分が使いやすい清掃用具を自分で買っていることだった。僕が言ったわけでもなく、それぞれ自主的にホームセンターに行って、いろいろ探して買っているのだという。

「だって、自分が気に入って使いやすいもののほうが作業の効率もいいし、テンションも上がるじゃないですか」

僕は社長になって初めて、自分で用具を買った。しかもモロさんについてきてもらってだ。

そんな社員たちは毎日、現場に行くとき、少しでも安い駐車場を一生懸命探してくれる。現場近くの高いところよりも、少し離れていても安いところを探す。たくさんの重い清掃用具を運ぶのは自分たちなのに、「近いところにしよう」とは誰も言わない。その気持ちが、僕には本当にうれしい。

そして、駐車場選びには小さな幸せもある。現場近くに安い駐車場を見つけ、自分たちの車で「満車」になったとき。ラスト一台だったラッキーに、皆のテンションが一気に上がる。

もし五分遅かったら、他の車が入ってしまい、満車だったかもしれない。そう考えると、ハッピーな気持ちで一日を過ごせる。

社員たちと見つけた小さな幸せ。いや、こういうことを本当の「幸せ」というんだろうと思うようになった。

ある店舗からエアコンクリーニングの依頼がきた。エアコンの台数は九台。それを午前中で終わらせなければならない。正直、できるか自信がなかった。それをムライさんに相談すると、なんとモロさんが手伝いに来てくれた。

僕からモロさんの話をさんざん聞いていた社員たちは「生モロさんですね！」と、まるで芸能人を見るように感動していた。

そして、モロさんの仕事ぶりは相変わらずプロだった。九台のエアコンが時間通りにピカピカになった。

帰るとき、お礼を言う僕にモロさんは、

「入江さん、今日はお仕事ありがとうございました。ピカピカいい会社ですね！」

と言った。

ぐっときて、涙が出そうになった。作業中、僕が社員たちに指示を出したり、やりとりしている様子をモロさんがうれしそうに見てくれているのに気づいていた。

三年前はバイトだった自分が、今は社長となり、社員とともに現場に出ている。モロさんに教えてもらったことを日々、社員たちに伝えている。そんな姿をモロさんに見ていただけてよかったと心から思った。少しだけ、恩返しができた気がした。

ピカピカの夢

ピカピカで叶えたい夢はたくさんある。

まずは、支店を四十六道府県すべてに作ること。

そして、芸人さんをピカピカのイメージキャラクターとしていつか使いたい。

もちろん、ピカピカが企業として成長して、健全な資金繰りができていないと無理な夢だ。さらにはクリーンなイメージと社会的信用がなければ絶対に叶わない。

並大抵のことでは叶わない夢だが、そうした形で、できればお世話になった吉本興業に恩返しができたらと思っている。仲のいい後輩と吉本興業を通して、お仕事ができる日が来ることを夢見てやり続けるしかない。

二〇二一年十二月、僕のインスタにＤＭがきた。コマタくんという北海道に住む二十三歳の男の子からのものだった。

コマタくんは北海道帯広の陸上自衛隊に五年務め、二〇二二年三月で退官するという。「退官後、ぜひピカピカで働かせてください」という内容だった。

退官前の二〇二二年二月、コマタくんは自分で交通費を払い、北海道から東京に面接に来てくれた。そこで彼の思いを直接聞き、四月からの入社が決まった。

コマタくんは面接の中で「実はもうひとつ、叶えたい夢があります」と言った。

それは格闘技のプロになって、ＲＩＺＩＮに出てチャンピオンになることだった。

僕のインスタをずっと見ていて、芸人を辞めて清掃業をやっている姿に感銘を受け、「清掃と格闘技という両方の夢を叶えるには、入江さんの会社に入るしかない！と思って、勇気を出して一歩を踏み出しました」

と言った。真っ直ぐな目だった。

僕は彼の夢を応援したいと思い、先輩のインタビューマン山下さんに相談した。山下さんは何十年もお世話になっている先輩だ。騒動のときもわざわざ僕の家に来て、お鍋を作ってくださった。話もたくさん聞いていただいた。

山下さんは格闘技に詳しい。自身も道場に通い、大会に出場したりもしている。山下さんに相談すれば、コマタくんが夢を叶えるために一番いい道が見つかるはずだと思った。

山下さんはすぐに、後輩の芸人で元格闘家の松本晃市郎くんを紹介してくれた。松本くんは、ＤＥＥＰフェザー級の元チャンピオンだ。僕も昔から応援していて、彼の試合にも何度も足を運んだ。どれだけすごい選手か、わかっている。

その松本くんがコマタくんの夢を応援してくれることになった。

コマタくんは、小学三年生から高校三年生まで、兄弟三人で青森の施設で育った。ご両親はいない。

「格闘技で有名になって、いつの日か施設に恩返しがしたいです」と、コマタくんは言う。「夢が叶えられないのを環境のせいにしたくない」とも。

今、コマタくんは朝から清掃の現場に出て、夕方、仕事を終えてからジムに通う毎日を送っている。

松本くんからは「フィジカルが強いので、努力次第ですが楽しみです」と言ってもらえた。山下さんにも感謝だ。

ピカピカのロゴが入ったパンツをはいたコマタくんが試合のリングに立つ日を、ピカピカ皆で夢見ている。

大切な居場所

話は三年前に遡る。おそうじ本舗でバイトをしていたとき、年末にムライさんとモロさんと三人で現場に出た。

行き先は、八十代後半の一人暮らしのおばあちゃんの家。毎年、年末の大掃除を依頼してくださる常連のお客様ということだった。

モロさんはおばあちゃんに、僕のことを「新メンバー」として紹介してくれた。

三人が掃除する様子をおばあちゃんはニコニコしながら見守ってくれていた。

そして掃除が終わると、「毎年、本当にありがとう。これで今年も安心して年を越せます」と、うれしそうにおっしゃった。

帰り際、おばあちゃんに言われた言葉が僕には忘れられないものになった。

「あなた、本当にいい仕事を選んだわね」

それまでも、お客様に喜んでもらえるいい仕事だということは感じていたが、このときは心の底から「この仕事を選んでよかった」と思えた。

おばあちゃんとともに、神様からも太鼓判を押してもらえたような気持ちになった。

こうしたあたたかい出会いがあると同時に、清掃は大きなビジネスチャンスのある仕事であることもわかってきていた。

初期投資も少なく、自分の体、才覚ひとつで戦える。セカンドキャリア組の強い味方でいてくれる、素晴らしい仕事だ。

清掃のアルバイトを始めたとき、僕の時給は千百円だった。千二百円のランチを食べたら、一時間の苦労がものの十分で消える。一万円を稼ぐのがどれほど大変なことかを教えてくれた。

飲食店に行くと、エアコンに目がいくようになった。カウンター席に座ると、キッチンがよく見えるので、キッチンがどうしても気になるようにもなった。

ピカピカなキッチンを見ると、忙しい中、きれいに保つ努力をされていることに頭が下がる。業務用のキッチンをきれいにするのがいかに大変なことか、身に染みているからだ。

そういうお店の料理はことさらおいしく感じるようにもなった。

ホームセンターにもよく行くようになった。以前は、自分と関係のない商品が並んでいるお店だったが、今の僕にとってはなくてはならない便利グッズの宝庫だ。

昔と同じものを見ても、見え方がまったく違う。清掃が僕に与えてくれたものは数えきれない。


そんなことを考える中で、ふと思い出した言葉があった。

ムライさんやモロさんに「清掃の仕事は楽しいですか？」と聞いたときのことだ。

二人とも「楽しいとか楽しくないとかじゃないですよ。仕事ですから」と答えた。

ムライさんもモロさんも、清掃におけるプロ中のプロだ。清掃を続ければ続けるほど、尊敬の念が高まっている。それでも、清掃に楽しさを求めることはしないという。

そのときの僕には理解できなかった。

芸人時代の僕は、仕事は楽しいものであり、楽しくなければいけないものだと思っていた。周りの芸人を見ても「仕事がない」「金がない」という愚痴は言っても、「仕事が楽しくない」という人はいなかった。

でも、仕事について「楽しい」というのは、ほんの小さな一要素であるということが、最近になってようやくわかってきた。

たとえ、それが好きなことであったとしても、仕事にした以上、楽しいことばかりではない。大変だったり厳しかったりつらかったり、そういうことも乗り越えて、やり遂げるのが仕事であり、プロフェッショナルなんだろう。

こんな当たり前のことに気づくまでに、僕はずいぶん遠回りをしてしまった。

この清掃という新しいステージで、僕はよりプロフェッショナルになっていきたい。

一から自分で見つけて築いてきた大切な居場所。大切な仲間たちとともにずっと守っていきたい場所だから。

第五章　あの頃の僕へ

人脈は手段？

「人脈」という言葉について、僕の中ではまだ解釈も考え方も確立できていないが、ここで今一度、向き合ってみたいと思う。

実際、「人脈って何だろう」と、自分に問い続ける四年間だった。

今となってはおこがましい限りだが、あの頃、僕は「人脈」をテーマに、年間百本近い講演会やセミナーの依頼をいただき、日本全国を回っていた。

そこでは必ず、

「人脈はつくるものではなく、自然とつながり、広がっていくものです」

と、話していた。

無理やり、人脈をつくろうとしても、そうやってできた関係はどこか不自然で、本物の縁にはなっていかない。

人脈は生きていて、自然とご縁がつながった人、そういう大切な人に紹介していただいて、広がっていくものだと伝えていた。

たしかに、人脈にはそういう面がある。でも、それが人脈のすべてかといえば、今は決してそうは思わない。

何より、当時の僕自身が自然と人脈が広がっていくのを待てずに、無理やり広げに行っていたのだから。

携帯電話やSNSの登録人数が多いことから、僕はいつしか『友だち5000人芸人』と呼ばれるようになり、『笑っていいとも！』をはじめとする人気番組にも多くの出演機会をいただくようになった。

そんな僕のもとには、

「入江のことを本当に友達と思っている人がその中に何人いるんだ？」

「入江の言う『友だち』は本当の友達ではない」

「人脈という言葉に踊らされているだけだ」

などといった言葉もたくさん届いていた。

「いや、自分が『友だち』と思えば、友達なんですよ！」と反論しつつも、実は、

「僕が芸人としての肩書や仕事を失うことがあったとしたら、いったい何人くらいの人が僕の周りに残ってくれるんだろう?」

と、不安に思う自分がいた。

でも、せっかく巡ってきたチャンスとして、『友だち5000人芸人』という肩書を手放すわけにはいかなかった。

人脈を大切な人とのつながりではなく、仕事や成功への手段としたときから、僕の過ちは始まっていたのだと思う。

紹介

振り返れば、僕は幼少期から友達に恵まれて育ってきた。

周りにいじめなどはなく、不良やヤンキーもいなかった。ただただ「友達」がたくさんいた。

僕を中心に、知らない者同士が仲良くなって、皆で一緒に遊ぶことが多かった。

高校生のときは、高校の友達に自分の地元の友達を紹介していった。専門学校に入ったら、専門学校の友達に地元や高校の友達を紹介した。

子供の頃から、僕は人を紹介するのが好きだった。

この頃の紹介は純粋に人の輪をつなぐものだった。人をつなぎ、人の輪が大きくなればなるほど楽しくて、皆も喜んでくれた。

専門学校の友達には、矢部のことも紹介した。矢部は大学に通いながら、僕の専門学校にもちょくちょく顔を出すようになった。先生の許可をもらって、無料で授業も一緒に受けていた。

そんな時間を過ごすうち、吉本興業のオーディションを見つけ、二人で受けることにした。

そして、僕らはカラテカになった。

芸人になってからも、僕は人が好きで、どんな人とも積極的に話した。目の前に知らない人がいると、次々に興味がわいてきて、いろんなことを質問した。連絡先もすぐ交換した。そうして、たくさんの人とどんどん仲良くなっていった。

夢のオーガナイザー

僕は二〇〇八年くらいから、渋谷のクラブでイベントを主催するようになった。

クラブが大好きでよく通っていたのと、芸人の仕事以外でも収入を得られれば……と思ったからだ。

というのも、吉本芸人の伝統で後輩にはおごらなければならない。単独ライブを開くのにもお金がかかった。芸人の仕事はそこそこあったが、お金があるに越したことはなかった。

もちろん、クラブでオーガナイザーとしてイベントを主催するのは夢のようなことだった。「一度やってみたいなあ」と憧れていたことが幸運にもいろんな人に協力してもらえて、大成功に終わった。

このとき、収入を得られたことよりもうれしかったのが、イベントを成功させようと、たくさんの仲間が集まってくれたこと。そして、たくさんの人がイベントに来てくれて、たくさん友達ができたことだった。

僕は月に一度、オーガナイザーとしてイベントを開催するようになった。吉本興業には「アルバイトの延長みたいなものです」と説明して、許可を得た。

僕のイベントには、芸人や芸能人がたくさん遊びに来てくれた。その評判を聞きつけ、芸能人に会いたい、仲良くなりたいという人もたくさん来るようになり、いつの間にか人気イベントになっていった。皆が楽しんでくれていることがうれしかった。

僕はそこで、たくさんの人と友達になった。何の仕事をしているのか、どうしてそんなにお金を持っているのかわからない人でも、頼まれれば、写真も一緒に撮ったし、連絡先も交換した。人にも紹介した。

何の躊躇も後ろめたさも、計算みたいなものもなかった。

このイベントは十年続き、僕の人脈は広がっていった。

僕は楽しく接することができれば「信頼できる人」と判断していた。実際、トラブルのようなものも起きなかった。

そうした軽率さがまさか多くの人を巻き込み、自分の人生も変える事態につながるとは想像だにしなかった。

キャラのための努力

この頃、テレビの仕事は相変わらず少なかったが、営業などの仕事はそこそこあった。友達が増えたことでプライベートも充実していた。

合コンにも積極的に参加するようになった。

女の子にウケたい一心で、オリジナルの「コール」を考えた。後輩芸人たちと一生懸命練習して披露すると、不思議なくらいに連帯感が生まれ、どんな合コンでも盛り上げることができた。

そのことを耳にしていた先輩芸人があるとき、舞台上で話を振ってくれ、僕は初めてたくさんのお客様の前で合コンでのコールを披露した。

舞台でネタやギャグを披露するときはいつも緊張してしまうのだが、合コンで場数を踏んでいたからか、不思議と緊張することはなかった。合コンのときの勢いのまま披露すると、劇場は爆笑に包まれた。

そこから少しずつ、「合コン芸人・カラテカ入江」が認知され、テレビに呼ばれたり、雑誌に取材されたりするようになった。

コールに始まり、トークの盛り上げ方や、自然に二次会につなげる方法など、求められるままに「合コンテクニック」を披露した。合コンテクニックを指南する本も出版できた。

プライベートが仕事につながる。

その充実感はそれまで感じたことのないものだった。

そして、「キャラって、こういうふうにつくるものなのかもしれない」と思った。「いいネタを作る」「劇場に出続ける」「大喜利をする」など、憧れていた芸人像とはかけ離れていたが、キャラをつくれば仕事につながる。

お笑いは天賦の才が物を言う。偉大な先輩たちを間近に見ることで、どんなに努力しても届かない次元があることを僕は嫌というほど思い知らされていた。

でもキャラなら、努力次第でなんとかなる。合コンキャラが確立できたことで、仕事につながる手応えも感じていた。努力さえ惜しまなければ、着実に次の仕事にもつながっていくはずだ。

芸人として「自分が進むべき道」がやっと見つかったように思えた。

後輩力

合コンキャラに続いて、できあがったのが「後輩キャラ」だった。

芸人になった頃から、先輩たちに自分の名前を覚えてもらいたくて必死だった。そのために、先輩たちの好きなものを覚えた。

当時は麻雀が流行っていたので、まず麻雀を覚えた。いつ呼ばれても、どれだけ遠くにいても、原付で駆け付けた。

しばらくそうした努力を続けるうち、名前を覚えてくださる先輩が少しずつ増えていき、誘いも増えていった。

次に、誘っていただいたときに先輩に喜んでもらえるような店をあちこち探した。おいしくて、個室があって、お店の人もいい人で、気兼ねなく過ごせる店。

もっと喜んでほしくて、合コンもたくさんセッティングした。先輩がいる合コンでは、ひたすら盛り上げ役に徹した。

仕事ではご一緒したこともないような、雲の上の存在のような先輩からも声がかかるようになった。僕はチャンスを逃すまいと、先輩の誕生日を覚えては、率先して誕生日会の幹事になった。

仕事になるとは夢にも思わず、プライベートで続けていたことだったが、合コンキャラの成功体験から、後輩キャラも仕事につながるのではという手応えがあった。

ちょうど、焦りを感じ始めていた時期だった。

合コンキャラのブームが終わるのは早く、少しずつ仕事が減り出していたからだ。テレビ番組に呼ばれなくなる前に、次の一手が必要だった。

先輩に好かれ、かわいがられる「できる後輩」になる方法。自分がこれまでしてきたことをいかに体系化するか、必死に考えた。

その結果、できあがったのが『後輩力』という名のコミュニケーション術だった。

部下を強引に飲みに誘うことはパワハラにあたるという風潮になってきていたことも追い風になった。

「飲みニケーション」を肯定しつつ強制はしない、ユーモアも交えた僕の話は、芸人の世界にとどまらず、一般企業で働く上司・先輩世代の間でも話題になっていった。

有名人の友達

合コンキャラの経験もあり、後輩キャラにもいつしか終わりが来ることはわかっていた。

後輩キャラでまだ仕事をもらえている最中から、僕はもう焦り始めていた。

「次はどうしよう……」と思うと、叫んで逃げ出したいような気持ちにもかられたが、悩んでいても仕方ない。いろいろなイベントや飲み会に顔を出し、何かおもしろいことはないかと探す日々が続いた。

そんな中、アスリートの方々と出会い、人脈の幅がこれまでとは違う方向へ大きく広がった。

僕はその方々との関係をつくるのに必死になった。

一流アスリートの方々に「友達」と認めてもらうにはどうしたらいいのか？

自分は芸人としてまだまだだ。一流には程遠い。そんな自分が一流の方々と一緒にいられるようになるには、何かで役に立つしかない。

僕はその方々の試合などを積極的に観戦に行った。食事の約束を取り付けると、売れている芸人の先輩や仲間を誘い、紹介した。一流の方々と一緒にいることで、自分まで大きくなったような気がした。

そうした方々が僕のことをテレビで「友達」と話してくださるようになり、僕に注目が集まるようになった。今まで出たことのない人気番組に呼ばれ、レギュラー番組まで持つことができた。

ネタではなく、芸でもなく、「有名人の友達」というだけで。

これを芸人として「正解」といっていいのだろうか？　正解であるはずがないが、当時の僕はよくわからなくなっていた。

ただただ仕事を失うことだけが怖かった。失わないためには、いろいろな人に会い続けることだ。「動き続けるしかない」と、心に決めた。

葛藤

テレビで人脈のことを話す僕に対して、「自慢するな」「お前の力じゃない」「一ミリも笑えない」などの批判の声が次第に増えていった。

気にはなったが、それよりも仕事がなくなることのほうが怖かった。

テレビでも取材でも聞かれるのはすべて人脈のことだった。

「最近、めずらしい人に会いませんでしたか？」

「最近、変わった人と飲んでいませんか？」

「最近会った人の中で、一番おもしろかったのはどんな人ですか？」

「新たに友達になった有名人はいませんか？」

誰も僕、入江慎也を見ている人はいなかった。目の前の記者さんもスタッフさんも、僕の後ろにいる、僕の人脈しか見ていなかった。僕の人脈にしか興味はなかった。

そんなことにはとうに気が付いていた。傷ついてもいた。

それでも人に会い続けた。

人と会っているときは楽しくて、傷ついたことも忘れられた。

そして、楽しければ楽しいほど、テレビなどで話したくなくなった。大切な方との時間はプライベートでの楽しい思い出として胸に秘めておきたかった。

でも求められれば、話さないわけにはいかなかった。悔しいけれど、僕にはそれしか話すことがなかったから。

別のことで笑いをとれたら……と、心底悩んだ。でも、あきれるくらい何も思い浮かばなかった。

そもそも、人と会ったことを話している自分も笑いをとれているのか、よくわからなくなっていた。

葛藤の堂々巡りが続いた。

飲みの席でのことをテレビで話し続ける僕に、会ってくれなくなる人も増えてきた。僕が行くと、「テレビで話されるかもしれない」と、警戒する人も増えてきた。

まずい方向に転がっていることはわかっていたけれど、やめるわけにはいかなかった。

僕に会いたくない人が増えたなら、会いたいという人を新しくつくればいい。探せばいい。

焦りから無理を重ねた。会う人会う人に「誰かおもしろい人、いませんかね？」「紹介してくれませんか？」と頼むのが常になっていた。とにかく、誰かに会おうと必死だった。

会ってくれている方々には失礼極まりないことだが、全然楽しくなくなっていた。でも、人と会わないと仕事にならなかった。

目の前にいる人にどんどん興味がわいて、あれこれ質問して、いつの間にか仲良くなっている、昔の僕はいなくなっていた。

無理やり人と会って、無理やりテレビで話せる話、ネタになりそうな話を引き出そうとした。

自分で自分が嫌いになった。それでもまだ人に会い続けた。仕事を失うことが怖かったから。

コンプレックス

人脈を武器にして仕事をいただくようになってから、矢部には「入江は変わった」と言われるようになっていた。

僕の変化を矢部は敏感に感じ取り、忠告もしてくれていた。でも、僕は矢部の忠告に対し、聞く耳をもたなかった。それどころか、矢部は新たな仕事を手にした僕に嫉妬しているんだとすら思っていた。

この頃が、矢部と一番話さなくなっていた時期だったと思う。


高校でも卒業してからも、矢部よりも僕のほうが目立っていた。「芸人になろう」と誘ったのも僕で、矢部はそんな僕についてきた形だった。いつも僕が中心にいる自信があった。

でも、芸人になってすぐ、それが単なる勘違いだと思い知らされた。

出会う先輩、オーディションでの番組スタッフ、皆、矢部しか見ていなかった。

背が小さくてガリガリで坊主頭で、緊張すると股間を握る相方。誰が見てもおもしろかった。

僕は一切いじられなかった。見てさえもらえなかった。

先輩に名前すら覚えてもらえなかった。「矢部の相方の君」と呼ばれていた。

オーディションでは「すごい相方だねー！　おもしろいねー！」と、矢部のことばかり言われた。僕への感想はまったくなかった。

ショックだったし、悔しかった。

コンビとして考えたら、強力な武器になるはずだった。矢部をいじってスポットを当て、まずはお茶の間にカラテカを知ってもらう。それからネタを通して、コンビとしてのカラテカを認めてもらえばいい。

でも、そんなふうに考えられる余裕が僕にはなかった。ただ、悔しさばかりが募った。

仕事も矢部ばかりが決まり、僕は暇だった。

矢部に負けたくない。僕も仕事がほしい。

有り余る時間を使って打開策を考えるうち、辿り着いたのが「先輩たちに名前を覚えてもらおう」ということだった。

それが仕事につながるかどうかなんてわからない。でも、どんな些細なことでもいいから、矢部に勝てることがほしかった。

先輩たちに「役に立つ後輩」と思ってもらうことが、当時の僕にとっては矢部に勝つことだった。

だから、呼ばれればいつでも駆け付け、おいしい店を探し、合コンをセッティングした。誕生日会の幹事もした。

本当は、お笑いの場で先輩たちの役に立ちたかった。「入江のあのひと言で場の空気が変わったよ」「入江のギャグで助かったよ」と、言われたかった。でも、それができなかった。

なぜなら、僕にはお笑いの才能がなかったから。

そのことに気づいてしまった僕は、矢部に対して強烈なコンプレックスをもつようになっていった。

後輩

芸歴を重ねていくにつれ、僕はそうしたコンプレックスを売れている後輩に対しても感じるようになった。

自分が後輩からどう見られているのかが気になった。

ネタもしていない。笑いをとるわけでもない。常に先輩といる。そんな芸人、カラテカ入江。

僕は売れている後輩に対して、ビクビクするようになっていた。言葉の裏に、僕に対する軽蔑があるような気がして、何を話すのにも緊張した。

笑いと格闘しながら日々活躍している後輩。貪欲に笑いをとりにいっている後輩。対して、人脈を増やして、人脈の話をしている僕。人脈の話しか求められない僕。

憧れられる、尊敬される芸人とは程遠かった。自分自身が嫌というほどわかっていた。わかっているからこそ、「どうだ、俺はこんなにプライベートで先輩に必要とされているぞ」と見せつけずにはいられなかった。

先輩の誕生日会の幹事は、それには格好の機会だった。

先輩も後輩も楽しんでいる中、司会も裏方もやって、「できる自分」を見せつけた。本心ではカッコ悪いと思いつつも、僕はやり続けた。売れている後輩になめられたくなかったから。

それでも、僕を慕ってくれる後輩もいた。

僕はこの「入江軍団」を大きくするのに必死になった。

ただ大きくするだけじゃない。僕の後輩なら、本や講演会で僕が提唱する「理想の後輩」としての在り方を完璧に実践してもらわなければならなかった。

飲み会での動き、注文の仕方、おいしいものを食べたときのリアクション、おごってもらった後のお礼の仕方、翌日のＬＩＮＥでのお礼の仕方……すべてにおいて厳しく注文をつけた。

それができない後輩は許せなかった。

「全部、俺が実際にやってきたことだよ。俺にできて、なんでお前にできないんだよ」

「お前はネタで笑いをとるタイプの芸人じゃない。だから俺といるんだろ。仕事がほしいなら、俺と同じようにしろよ」

自分の意見を一方的に押し付けた。

見かねた先輩たちに「入江がやってきたことは入江にしかできないんだから、人に押し付けるな」と注意されても、その意味がわからなかった。

企業の飲み会に呼ばれたときに見せる、「若手社員のいいお手本になります」と喜ばれた僕らの阿吽の呼吸は、そうやって無理やりにつくられたものだった。

この頃の僕は高級時計をはじめ、いかにもなハイブランドのファッションに身を包むようになっていた。

有名人と一緒にいて、その人と同じようなファッションをしていると、自分もすごい人になっているような気がした。

有名人とは四六時中、一緒にいることはできないが、ブランド品は一緒にいてくれる。芸人でいるためには、人脈以外のものが必要だった。カッコ悪い自分を守る鎧のようなものがブランド品だった。

僕は自分に足りないものを自分で補うことを忘れ、人やモノに依存するようになっていた。

芸人でいるためではなく、少しでも自分を優位に立たせたい、大きく見せたいという、歪んだプライドが生み出した発想だったかもしれない。

矢部だけでなく、先輩にも同期にも後輩にも、周りの誰に対しても、スキあらばマウントを取ろうとした。自分のことを認めてほしかった。

ある日、十六歳の頃からの付き合いの地元の親友と飲んだ。

久しぶりに会った親友の前で、僕は全身をハイブランドで包み、人脈や今の仕事について自慢し続けた。

僕の話を聞いていた親友は、

「いっさん（昔からの僕の愛称）、このままだといっさんがいっさんじゃなくなる。壊れていくよ。いっさんは、今は人を仕事としてしか見ていないよ」

と、冷静に告げた。

その言葉が胸の奥、僕の一番触れてほしくないところに突き刺さった。次の瞬間、僕は「何がお前にわかるんだよ！」と、言い返していた。

「今、俺は芸能界で生き残るのに必死なんだよ！　絶対に、俺の気持ちなんかわからないよ！」

激高する僕に反して、親友は冷静なままだった。

「人に会うことによって、大切なものを失っていっているよ。昔のいっさんは損得なく、人と人をつなげていたよ。もう一度、高校時代の気持ちに戻ってほしい」

「今のいっさんはお金はあるかもしれないけど、幸せそうに見えないよ」

僕は何も言い返せなくなっていた。

矢部をはじめ、周囲の人たちからも同じようなことを言われていた。

「少し休んだほうがいいよ」「生き急いでいるみたいだよ」「何か悪いことに巻き込まれそうだよ」とも言われていた。

ずっと一緒にいた後輩からも「入江さんといると疲れます」「気が休まらないです」「もっと自然体の入江さんが見たいです」と言われていた。

わかってはいるけれど、もう引き返せなかった。

ある夜、社長さんとの飲み会の帰りに後輩にこう言われた。

「入江さん、最近、全然笑ってないです」

芸人なのに笑っていない。笑わせてもいない。人を笑わせたくて、芸人になったのに。

僕は何をやっているんだろう。何がしたいんだろう。

こんなに必死に頑張っているのに、何ひとつ成し遂げていない。

まずは、売れなきゃ。あともう少し、頑張らないと。

でも、どうなれば「僕は売れた」と安心できるんだろう。「あともう少し」って、いったいどれくらいなんだろう。

前に進んでいるつもりが、いつしか道を大きく外れているような気がした。

それでも『友だち5000人芸人』の肩書を手放すことができなかった。ブランド品と同様、何もない僕を守ってくれる鎧だったから。

それを脱ぐのは怖すぎた。僕なんかが丸腰で生き残れる世界じゃなかった。


改めて、思う。

闇営業の騒動が起こらず、今も吉本興業にいて芸人を続けられていたとしたら、どうだったろう。

僕は、今よりも幸せだったんだろうか?


騒動の前から、僕はとっくに破綻していた。周りの人にはそれがはっきりとわかっていた。僕自身も気づかないふりをしていただけだった。

それでも、僕は人に会い続けた。

会えない日はイライラした。一人ではいられないから、後輩たちを誘って飲むが、時間を無駄にしているような気がして、焦りばかりが募った。

「お前ら、何かいい情報持って来いよ!」と、後輩たちに当たった。

ネタを探して、人と会った。声をかけられれば、どういう方なのかもよくわからないまま、会いに行き、一緒に写真を撮った。あちこちで、僕との写真がＳＮＳに上がった。それを見た方から「入江さん、〇〇さんとも友達なんですね。僕もなんですよ」と言われても、僕は正直、どこの〇〇さんなのかさえわからなかった。顔すら思い浮かばなかった。

正気の沙汰ではなかったと思う。

「友達」以上

三年以上の時間をかけて、ようやくここまで振り返ることができた。

自分の愚かさには言葉もない。

冷静に振り返る中で、人脈とは本当にわからないものだと思うようになった。

太く固く結ばれている綱のようなものだと思っていたら、ちょっと先でぶっつりと切れてしまっていたりする。細く頼りない、いつ切れてしまうかわからない糸のようなものだと思っていたら案外、丈夫でしっかりと僕につながり続けてくれていたりもする。

そんな丈夫な糸が今の僕の手には握られている。

多くの方からは批判されるかもしれないが、「これまでのすべてが愚かで無駄なことだったとは思いたくない」という気持ちが頭をもたげているのも事実だ。

いい出会いもあった。今も僕の周りに残ってくれている人がいる。


二〇一八年、ある町のハロウィンパーティーの司会をした。吉本興業の若手芸人によるライブもある、大掛かりなものだ。

二〇一九年、そのパーティーの主催者の一人であったニイザワさんから連絡をいただいた。

騒動後にもかかわらず、ハロウィンパーティーの司会を「今年も入江さんにお願いしたいんです」という話だった。

ありがたかったが、さすがに「まだ人前には出られません」と断ると、「町の人がみんな入江さんのこと待っているんですよ。顔だけでも出してもらえませんか？」と言ってくださった。

そんなことがあるんだろうかと思ったが、素直にうれしかった。

顔を出しに行くだけなのは申し訳ないので、「じゃあ、アルバイトをさせてください」

と、裏方の手伝いをすることになった。

当日、テントの設営やゴミ拾い、ビールなど出店の売り子として働いた。

ステージでは、後輩の鬼越トマホークが司会を務め、一年前と同じように吉本興業の若手芸人がネタを披露していた。ステージに立つ全員がひと際、キラキラして見えた。

ライブが終わると、鬼越トマホークの二人が気まずそうに「僕らが司会ですみません」と挨拶をしに来てくれた。

ちょっと強がって、「なんで謝るんだよ」と笑顔で言うと、「いや、まさか入江さんとこういう形で再会するとは思いませんでした」と答えた。

たしかに、彼らも仕事先のイベント会場で、僕がビールの売り子をしているとは思わなかっただろう。

余計な気を遣わせてしまって、後輩たちには申し訳なかったが、この日が「もう芸人じゃない自分」を生きていくきっかけになったように思う。

寂しくはあったが、「ステージに立つ側の人間ではない」という現実を受け止めることで、「今は目の前の、自分がすべきことを精一杯頑張ろう」という方向へ、気持ちを切り替えられたような気がした。

そんなこともあり、より一層大きな声を出してビールを売っていたら、「入江さん、去年の倍売れましたよ」と言われた。

知らない間に入っていた肩の力がスッと抜けた気がした。


このハロウィンパーティーの主催者であるニイザワさんは今、ピカピカ神奈川支店の代表をやってくださっている。

無理やりに人脈を広げていた頃。「お前の言う『友だち』は本当の友達じゃない」という声をたくさんいただいていた。

たしかにそうだった。

でも一方で、僕は「友達」以上の存在にたくさん出会えてもいた。これは紛れもない事実なのだ。

検索

四年前、「カラテカ入江」とＧｏｏｇｌｅ検索すると、必ず検索ワードの候補のトップに「闇営業」と出てきた。本当に悲しかった。

それから清掃の仕事を始め、がむしゃらに走り続けた。あっと言う間だった。

ありがたいことに、セカンドチャンスというテーマでの取材依頼もたくさんくるようになり、講演会も少しずつやらせていただけるようになった。

先日、Ｇｏｏｇｌｅでふと「カラテカ入江」と検索したら、トップが「ピカピカ」「現在」になっていた。

もちろん、闇営業のイメージがきれいさっぱりなくなったわけではない。まだまだ誤解されたり、悔しい思いをしたりすることもたくさんある。検索ワードも毎日変わるので、それだけで安心するなと言われるかもしれないが、素直に心底うれしかったのだ。

行動すれば未来は変わる。

今の僕はそのことを以前よりも信じられるようになっている。

騒動のとき、社員が誰もいなくなった株式会社イリエコネクションにも、新たに社員を迎えることができた。

今では二人が講演会などのために働いてくれている。そのうちの一人は入江軍団として、ずっとそばにいてくれた元芸人のタカハシくんだ。

タカハシくんは十三年、芸人をやっていたが「入江さんのところで成長したいです」と言ってきてくれた。先輩と後輩だった僕らは今、社長と社員だ。

イリエコネクションは、闇営業のブッキング会社のように報道された。周りからも「一度、畳んだほうがいい」と言われた。

それでも、僕はイリエコネクションを守りたかった。すでに話した通り、イリエコネクションは、僕が芸人を続けていくために立ち上げた初めての会社だ。なかったものにすることは僕にはできなかった。

事務所にしていた部屋を解約し、社員もいない。そのままなくなってしまっても不思議ではなかったが、どこかで「もう一度、イリエコネクションでも巻き返したい」という思いが消えなかった。

今、イリエコネクションが機能していることがうれしい反面、二人の社員の人生を背負っていることに身が引き締まる。もう二度と、誰の人生も変えたくない。

伝えるということ

今も僕は原付バイクで仕事に通っている。

ある日、仕事を終えて、いつもの駐車場に行くと、僕の原付のハンドルに紙袋がかけられていた。

中を見ると、新品のシートカバーと手紙が入っていた。

僕の原付は十五年以上も乗っているホンダのズーマーで、シートカバーは破れ、中のウレタンも露出していた。

手紙を読んでいくと、プレゼントの贈り主さんは、そんなボロボロのシートにまたがり、原付を走らせている僕を街で何度か見かけたのだという。

「大変だと思いますが、頑張ってください」

名前も顔もわからない贈り主さんの気持ちがストレートに伝わってきた。

僕の気がつかないところで、こうして見ていてくれる人がいる。気持ちを寄せてくれる人がいる。

うれしくてうれしくて、新たな活力が全身にみなぎってくるのを感じた。

そして、騒動が起こった直後に送られてきたあるメールのことを思い出した。

一度しか会ったことのない、僕の講演会に来てくれた方からのメールだ。

「僕のことを覚えていないかもしれませんが、あの講演で入江さんから元気をもらったのはたしかです。僕は入江さんに救われました」

たしかに顔は思い出せなかったが、僕は泣いた。僕のほうこそ救われた気になった。この頃、芸人を辞めた先輩や後輩たちからもメールがたくさん届いていた。何年も会っていない人もたくさんいたので、懐かしさとうれしさ、ありがたさが入り混じった。

疎遠になっていた友達に不幸な出来事があったことを知ったとき、心配はするものの、連絡していいものか、躊躇してしまう人は多いと思う。

「連絡するべきなのかな」「ずいぶん会っていないし、気持ちに寄り添ってあげられるかわからない」「的外れなことを伝えてしまうかもしれない」と、迷っているうちに日が経って、そのままになってしまう。

でも「心配だ」「何か力になりたい」という気持ちが少しでも浮かんだのだとしたら、連絡をとるべきだと思う。

相手に何かあったときだけじゃない。「どうしているのかな」とふと思い出したとき、僕はメールを送ることにした。僕がそれに励まされ、勇気づけられたから。

自分のことを気にかけてくれている人がいるという事実は、想像以上に人の気持ちを強くする。

思いは伝えなければ届かない。

決意

ピカピカを創業してすぐ、田村亮さんから清掃の依頼を受け、ご自宅を訪ねた。騒動後、奥様に会うのは初めてだった。

玄関のドアが開き、「今回のことでは、本当に申し訳ありませんでした」と言おうとした僕より先に、奥様は「イリちゃーん、久しぶりー」と、以前と変わらない明るい笑顔で迎えてくださった。

騒動に巻き込んでしまった芸人のご家族と会うときはいつもこうだ。皆さん、僕に謝罪させまいと気遣い、何事もなかったかのように振る舞ってくださる。ありがたいと思いつつ、胸がぎゅっと苦しくなる。

騒動が起こった直後、謝る僕に、亮さんは、

「入江、お前は誘っただけで、俺は断ることもできた。選択権は俺にあって、行くと決めたのは俺や。入江が悪いわけやない」

と、おっしゃった。

僕の芸人としての最後の仕事は亮さんが主宰する田村亮一座の舞台だった。

決して手を抜いてはいないが、もっともっともっと心を込めて演じられたのではないかと、今でも思ってしまう。

自分の意思で幕引きを決断していれば、「最後の仕事」は特別な覚悟で迎えることができる。まさか「最後の仕事」になるなんて、夢にも思っていなかった僕に当然そんな覚悟はなく、今も心残りから抜け出せずにいる。

「今日ある仕事が同じように明日もある保証はない」

今回のことで僕が思い知らされたことのひとつだ。

この現場がたとえ「最後の仕事」になっても心残りがないように、僕は今、心を込めて清掃している。


淳さんは『田村淳の大人の小学校』というオンラインサロンを立ち上げると、第一回の「ゲスト先生」として、亮さんと僕を迎えてくださった。

淳さんと亮さんと三人で公の場で話をする機会なんて、もう一生やってこないと思っていた。しかも講師という立場だ。務まるか不安だったが、責任を果たさなければと思った。

テーマは「セカンドチャンスを考える」で、僕が騒動後に何を考え、どう行動したか率直に話してくれればいいということだった。

僕は淳さんのサロンの会員の方の役に少しでも立てるよう、淳さんの厚意を裏切らないよう、自分が経験したこと、今感じていることを正直に、精一杯話した。

別れ際、淳さんは「なんでも言ってこいよ。相談に乗るからな」と言ってくださった。

それは蛍原さんも同じだった。蛍原さんの誕生日やお正月、雨上がり決死隊が解散することを知ったときも、僕が連絡するたびに自分のことはそっちのけで、

「入江、頑張っているみたいやな。いろんなところで話、聞いてるで。入江は入江の人生を大切にせなあかんよ」

と、気遣ってくださる。

宮迫さんもそうだ。僕が清掃のアルバイトを始めて少し経った頃、久しぶりに食事に誘ってくださった。

宮迫さんご自身も今後どうなっていくのかわからない時期だった。僕のせいだ。宮迫

さんに申し訳なくて、いたたまれなくて、何て言っていいのかわからずに泣きそうになっていたら、

「お前、なんちゅう顔してんねん！　飯がマズなるわ。俺は大丈夫や。だから、いっぱい食えや！」

と、明るくツッコんでくださった。宮迫さんの優しさが身に染みて、涙が止まらなかった。そんな僕に宮迫さんはさらにツッコみ続けてくださった。

それからも「入江、どうしてる？」と、食事に誘ってくださる。

ある日の帰り際、

「いろんなことがあるのが人生や。それがオモロいねん。入江、今を楽しむしかないやろ！」

そう言って、強く肩を叩かれた。

雨上がり決死隊の解散を知ったとき、そのきっかけを作ったのは僕だと思った。蛍原さんにも宮迫さんにもどんな言葉を伝えればいいのかわからなかった。お二人に、ただただ、「申し訳ございませんでした」としかお伝えできなかった。

少しして、宮迫さんからＬＩＮＥの返信が届いた。

「大丈夫や、俺やから。手足もがれても、羽根生やして飛ぶ人間やから心配するな」

自分が一番大変な状況なのに、後輩の僕にカッコよく、おもしろく返してくれた宮迫さん。僕が同じような立場だったとしたら、果たして同じことができるだろうか。

僕のせいで、思わぬ事態に陥ってしまった先輩方それぞれに今も気遣われ、見守られている。その優しさをありがたいと思いつつも、自分が情けなくなる。

先輩にも同期にも後輩にも矢部にも、今も僕は優しさをもらう一方だ。

もういい加減、そこから抜け出さなければならない。いただいた優しさの何十分の一にしかならないかもしれないけど、それでも少しでも返していける人間にならなければ。絶対になるんだ。

そんな決意を、僕は繰り返し自分に言い聞かせる。

誇り

ザ・パンチのパンチ浜崎くん（ハマ）がお父さんになった。ハマは入江軍団の中でも一番、僕に近く、いつも一緒にいてくれた。時には厳しいことも言ってくれる頼りになる存在だ。社長さんとの食事会もバーベキュー大会も、騒動の元となった忘年会にも一緒に参加した。自分も謹慎になっているにもかかわらず、「入江さん、体だけは大事にしてくださいね」と、ずっと心配してくれていた。

そんなハマが結婚し、お父さんになった。

ハマは「子供が生まれたので、エアコンクリーニングをお願いしたい」とピカピカに仕事を依頼してくれたが、ひとつだけ条件があった。

「入江さんは絶対に来ないでください。僕の中で入江さんはずっと芸人なんで。清掃している姿は見られないです」

依頼当日、僕はハマの家に行った。

玄関を開け、僕の姿を見つけたハマは「うわっ！　反則ですよ、入江さん！」と言うと、奥に引っ込んでしまい、作業中も出てこようとはしなかった。

作業を終え、赤ちゃんを抱いて出てきてくれたハマと写真を撮り、少し話をした。

「今の俺はこれが本業だから。胸を張ってやっている仕事だから、お前にも見てほしかったんだよ」

嘘偽りのない、見栄もない、本心からの言葉だった。

ある日、お世話になっている社長さんからエアコンクリーニングを依頼された。台数も多く、十八時からという遅めのスタートだったので、すべての作業が終わった頃には二十四時を過ぎていた。

作業終了の連絡をすると、社長さんは「近くで飲んでいるので、一緒にいかがですか？」と誘ってくださった。運転もあるし、社員たちもいる。その誘いはお断りしたが、社員とともに最後のご挨拶をしに行くことにした。

社長さんの話によると、近所のお店のＶＩＰルームで女の子たちと飲んでいて、その席には吉本の芸人もいるということだった。

作業終わりの作業着姿で吉本の後輩の前に出る。

「どんな気持ちになるんだろうか？」「惨めな気持ちになるんだろうか？」……様々な思いが頭の中を巡った。その後輩と会うのも騒動以来、三年ぶりだった。

ＶＩＰルームに現れた僕に、後輩はめちゃくちゃびっくりしていた。女の子たちもいる華やかなＶＩＰルーム。こっちは、作業着の男が四人。

僕は社長さんに、作業終了とお礼を伝えた。

そのとき、自分たちが惨めだという思いは微塵も感じなかった。むしろ、カッコいいとさえ思えた。

三年前、清掃のアルバイトを始めたばかりの頃は、知っている人に作業着姿を見られたくなかった。後輩には尚更だった。

今の僕は、堂々と誇りをもって、作業着姿で後輩の前に立てていた。そんな自分に、僕が一番驚いていた。


そういえば、お正月が怖くなくなっていた。

芸人時代はとにかく、年末年始は不安で仕方なかった。年末年始は芸人にとっては稼ぎ時だ。テレビの特番に加え、営業や舞台など、たくさんの仕事がある。

……のはずが、カラテカにはあまり仕事がこなかった。このときに仕事がないと本当に不安になる。「芸人として必要とされていないんじゃないか」とまで思ってしまう。仕事のない自分が恥ずかしかった。

相方の矢部はそういうことは気にならないらしく、「大晦日が休みだったらうれしい。ゆっくり家で紅白が見られて、年越しができるっていいよ」と、言っていた。

僕は毎年、焦っていた。年末年始のテレビは特に、芸人が活躍するバラエティ番組が多い。さらに出演している人数も普段よりも格段に多い。テレビをつければ、後輩たちが楽しそうに活躍している。テレビをつけることすら怖くなっていた。

そして芸人を辞め、三度のお正月が過ぎた。清掃業にとっても十二月は稼ぎ時。そこは芸人と一緒だが、目がまわるような忙しさも三十一日までだ。お正月はゆっくりと休めるようになった。のんびりテレビを見て、普通に笑っている自分がいた。

何かから解放された僕は、誇りを手に入れていた。

二つの頼みごと

二〇二〇年の年末、矢部と久しぶりにごはんを食べた。

矢部はルミネｔｈｅよしもとで、今田耕司さんが座長を務める新喜劇の出番終わりだった。

「楽屋で『この後、入江くんと会うんです』と言ったら、先輩たちが『入江、頑張ってるなあ』『すごいなあ』って言ってたよ」

と、伝えてくれた。

この日、矢部にはピカピカの近況と二〇二一年の事業計画を伝えた。矢部も安心してくれているようで、うれしかった。

僕は矢部にひとつ、頼みごとをした。

僕が「孤独な仕事」と呼んでいる「空室清掃」。きれいにしてもその場には誰もいないので、清掃した証に「クリーニング済み」という紙だけ残すことになっていた。

現場でお客様のリアクションが見られないことに僕はもう慣れたが、社員が頑張ってきれいにしたということを誰かに認めてほしいと思っていた。彼らが頑張った成果を感じてほしい。

清掃だけじゃない。世の中のいろいろなこと、きれいなこと、便利なこと、なくてはならないことは、その裏にいるたくさんの人の努力と苦労で成り立っている。見えない場所で頑張っている人がいる。

僕は今まで、人に見てもらえる、わかってもらえる世界で生きてきたが、清掃という舞台裏の仕事に従事する中で初めて、自分が見ていた世界がいかに狭いものであったかを痛感した。

空室清掃でも、社員の陰の頑張りを伝えたくて、「クリーニング済み」と書かれただけの紙ではなく、「ピカピカがやりました」という矢部のイラスト入りの完了証にしたかった。担当者の名前も入れて、誰がきれいにしたのか、ちゃんと伝わるようにしたかった。

そう言うと、矢部は快諾してくれ、すぐにイラストを描いてくれた。

僕はうれしくて、社員に自慢してしまった。これが僕の相方なんだと。

矢部の描いたかわいいカラーイラストと、担当した社員の名前が入った完了証。最後にそれを置く「空室清掃」の仕事は「孤独な仕事」ではなくなった。


このイラスト入り完了証は本当に評判がよく、お客様からもたくさんのお褒めの言葉をいただいた。

二〇二二年のある日、「新車はいかがでしょうか」というＤＭが届いた。自動車販売の会社を経営されているナカジマ社長からのもので、「ピカピカを応援したいので値段はできる限り安く、ラッピングも無料でします」という、とてもありがたいお話だった。

僕は二台あるうちの一台を売り、ナカジマさんから新車を一台、買うことにした。

思えば、一台目も二台目も中古車だった。しかも二台目を買うとき、僕はとことん悩んだ。果たして二台を使いこなせるのか、少し自信がなかった。

しかし結果的には毎日、二台をフルに活用することになった。芸人時代、先輩に「家賃を高くしたら、その分の仕事が入ってくるから家賃を上げろ！」と教えられてきたが、その教えはまさに真理なのかもしれない。

そして、ついに新車だ。

ラッピングには矢部に描いてもらった完了証のイラストを使いたいと思った。

ただ、多大なるご迷惑をおかけしてしまった吉本興業は、僕のこと、僕の会社のことをどう思っているだろう。

吉本興業の社員の方とお会いする機会はそれまでもあり、皆さん優しく接してくださっていた。あたたかい言葉をかけていただけることも多かったが、企業としての話となると、まったくの別問題だ。

それでも、ピカピカの顔として街を走る車のラッピングには、矢部のイラスト以外は考えられなかった。

僕は矢部に「ラッピングカーにイラストを使わせてほしい」と、二つ目のお願いごとをした。矢部は快く了承してくれた。

後日、矢部のマネジャーさんから連絡があった。

「ラッピングカーのこと、矢部さんから聞きました。会社としては矢部さんのイラストを使用することに問題はありません」

僕は驚いて、声も出なかった。矢部がマネジャーさんに「入江の友人」として、協力させてくれるように頼んでくれたのだと知った。

完成したラッピングカーは思い描いていた以上の出来栄えだった。「元気で明るい清掃員」、その理想の姿がそこにあるような気がした。

ピカピカの社員たちも一様に感動した様子で「矢部さんの看板も背負っていくってことですよね」「違反や路駐やポイ捨てなんてことも絶対できませんね」「これまで以上に気を引き締めていきましょう」といった言葉が次々に出てきた。

矢部の思いを理解し、しっかりと受け止めているその言葉を聞いて僕は、

「この社員たちとなら大丈夫。本当にやるしかない。中途半端じゃ終われない！」

改めて、心に誓った。

夢の世界

二〇二二年のゴールデンウィークは毎日仕事だった。連休関係なく、毎日、現場に出てくれる社員たちには感謝しかなかった。

その日、十七時に予定通り仕事が終わったら、僕には行きたいところがあった。サバンナの高橋茂雄さんのトークライブだ。高橋さんにもずっとお世話になっていた。社員に聞くと、「僕らも行きたいです！」とのことで、三人で渋谷のヨシモト∞《ムゲンダイ》ホールに向かった。

会場に入ったところで、「入江さんですよね？」という声が耳に飛び込んできた。振り向くと、高橋さんのマネジャーさんが笑顔で立っていた。さらに「高橋さん、喜ぶと思います。帰りに会っていってくださいね」と、おっしゃっていただいた。

ライブは本当におもしろく、一時間があっという間に過ぎた。社員二人もただ笑って感動していた。

三人で高橋さんの楽屋に挨拶に行くと、僕の顔を見た高橋さんは「入江やないか！」

と、すごく驚かれていた。

「入江、来てくれたんや。うれしいわー。ありがとう！　お、入江のスタッフさんかぁ。入江のことよろしくなー」

そう、僕だけでなく、僕の社員にも声をかけてくれた。社員はさっきまで舞台に立たれていた高橋さんを目の前にして、めちゃくちゃ緊張していた。

僕はうれしくて、一瞬で泣きそうになったが、社員の手前、ぐっとこらえた。

帰りの車中、社員から「高橋さんに会えて夢のようでした」と、言われた。二人ともまだ夢の中にいるような口ぶりだった。

そう、僕は夢の世界にいたんだ。厳しいけれども、あたたかくて優しい夢の世界に。

あの頃の僕へ

いまだに夢に見る失敗がある。十五年くらい前の話だ。

テレビ朝日で金曜日の深夜に生放送されていた『虎の門』という番組に、カラテカとして出演していた。

矢部はすでに日本テレビの『電波少年』でブレイクして、ピンの仕事が増えていた。

当時のマネジャーがカラテカとして出演できるよう、一生懸命営業して取ってきてくれた仕事だった。

その中で、タレント名鑑に載っている芸能人の誕生日、出身地を二人で生放送中に覚えて発表するコーナーが始まった。

矢部は芸能人の誕生日を、僕は出身地を担当して、必死に覚えた。

いよいよ発表の時間、矢部はしっかり覚えていたのに、僕は思い出せず、チャレンジは失敗した。そのコーナーはなくなり、カラテカの出演もなくなった。

『虎の門』は人気番組だった。大きなチャンスを僕のせいで失うことになった。

でも、矢部は僕を責めなかった。

矢部の相方として『電波少年』に出たときも、思うように盛り上がらなかった。

僕が足を引っ張ってしまった。そんな負い目が僕にはある。

だから、十五年も前の失敗をいまだに夢に見るんだろう。

今回のことで、また矢部に大きな迷惑をかけてしまった。それでも、矢部は変わらなかった。

すぐ感情的になる僕と違い、矢部はいつも感情をあまり表に出さない。矢部のそんなところを昔の僕はなんだか苦手に感じていた。

「もっと、人に、後輩に、熱くなれよ」と、偉そうに言い続けた。

「もっと、いろんな人と会って、視野を広げろよ」なんてことも言っていた。

僕は、矢部の努力が足りないと自分の価値観を押し付け非難したが、矢部は黙々と矢部なりの努力を重ねていた。今の活躍につながる矢部の努力が僕にはわからなかっただけだ。

騒動後も、僕がどんなに落ち込み、狼狽し、時には怒っても、矢部は冷静だった。常に、僕にとって何が一番いい選択なのかを考え、客観的にアドバイスしてくれた。厳しいことも言ってくれた。

それを「ありがたい」と思うようになるには時間がかかったが、矢部がいなければ、僕はこうして前を向けていたかどうかわからない。今は本当にそう思う。

今、僕の周りには心から信頼できる人たちがいる。

問題を起こしても、すべてを失っても、どうやって生きていけばいいのかわからなくなっても、ずっとそばで寄り添っていてくれた。

そばでなく、遠くからあたたかく見守ってくれる人たちがいることにも気づけた。

「芸人ではなくなった僕の周りに、いったいどれくらいの人が残ってくれるんだろう」

と、不安に思っていたあの頃の僕に伝えたい。

残ってくれる人はちゃんといる、と。

それをありがたいと思うのなら、これからの行動で返していくしかない。この信用を失うようなことは決してしない。

失った信用を取り戻すのがどれほど難しいことか、これ以上はないほどに、今も思い知らされている僕だから。

今日も何度もそう、自分に言い聞かせる。

おわりに

　これまでの自分を見つめ直し、文章にしていく作業を続ける中で改めて、自分がどれほど多くの方に迷惑をかけ、またどれほど多くの方の優しさに甘え、今も支えられ続けているのかがわかりました。

　多くの方に感謝するとともに、自分に対しては情けない、恥ずかしい、悔しい思いでいっぱいです。

　僕にできることは、経験したすべてのこと、悪いこともいいこともすべてから学び、それをこれからの人生に活かしていくことしかありません。

　楽しくて笑ったとき。仕事を終えて、ほっとしたとき。お客様に喜んでいただけたとき。ふと、ご迷惑をかけてしまった方々の顔、そのご家族の方々の顔、相方の顔が浮かんできます。僕なんかが自分勝手に楽しんではいけない、満足してはいけないという思いが頭をもたげます。

僕の今の姿が、行動が、この方々の目にはどう映っているのだろうか。それが気がかりで、いつも心に引っかかっています。


「いつの日にか僕らが心から笑えるように　……笑えますように」

銀杏BOYZの前身となるバンド、GOING STEADY（ゴイステ）の曲の一節です。僕はこの曲をこの四年間、ずっと、繰り返し聴いていました。

ゴイステの峯田和伸くんとは同い年で友達です。ゴイステとカラテカで、歌とユニットコントの合同ライブを開催したこともあります。

僕が吉本興業を契約解除になった五日後の六月九日、峯田くんはNHKの生放送に出演していました。

カメラに向かって、

「今は友達がいろいろ大変で。大丈夫じゃないけど、大丈夫だからね、入江くん！」

と、叫んでから歌い始めました。

当時、テレビを見られるような精神状態じゃなかった僕は、友達に録画を見せてもらい、峯田くんの思いを知りました。もちろん大泣きしました。

カラテカというコンビも、矢部のおかげで続いています。

騒動の後、矢部とは高校以来、いや、もしかしたら出会ってから初めてくらいに、たくさん話をしました。つらいとき、相談ばかりしてしまいました。愚痴や暴言もぶつけました。

それなのに僕から離れず、相方としてそばにいてくれました。本当に心から感謝しています。

二〇一九年の年末には、矢部もエアコンクリーニングを依頼してくれました。矢部の家に行くのはこれが初めてでした。

騒動前の二〇一九年二月、カラテカは『元友達』というタイトルの単独ライブを開催していました。

ずっと家に閉じこもっていた頃、そのライブの映像を見ていました。十七年ぶりの単独ライブで、僕と矢部の出会いからこれまでを矢部のマンガとコントで綴る構成でした。

その単独ライブでは最後、スクリーンに、

「let's meet again 17years later」

というメッセージを映しました。

十七年後の二〇三六年、僕と矢部は五十九歳です。どんなふうになっているのか、まったく想像できませんが、またカラテカの単独ライブをやれたらと思っています。還暦目前のおじさん二人のライブにどれだけ需要があるか、わからないですが。スポンサーは株式会社ピカピカが務めます。誰かに頼るのではなく、自分の力でライブを作りたいからです。料金を無料にして、今までお世話になった方全員をご招待したいです。

人は一人では生きていけないということをこの四年で嫌というほど思い知りました。同時に、僕はやっぱり人が好きで、そこはどうやっても変わらないのだということも。優しさをいただけるからだけでなく、裏切られても、傷つけられても、僕は人を嫌いにはなれない。あきれるくらい、人の喜怒哀楽すべてにつながろうとしてしまう自分がいます。

そんな僕はきっとこれからも多くの人とのつながりを求めていくと思います。

でも、以前の僕と明らかに違うのは、人とつながること、人と人をつなぐことの怖さを知ったことです。

僕は芸人の先輩、同期、後輩のことをその人単体でしか見ていませんでした。僕とのつながりだけしか考えていませんでした。

その人が背負っている、ご家族、番組、スタッフの方々、スポンサーさん……、そして相方さん。すべてがその人と一心同体なんだということに気付いていませんでした。

ただ、その場で喜んでもらいたいとしか考えておらず、目先のことしか見えていませんでした。喜んでもらいたいというのも、相手のためというよりも自分のためという部分が大きかったように思います。

そんな僕の周りに今もいてくれる人たちを二度と裏切りたくありません。

僕を信じて、以前と変わらず、そばにいてくださる方々、新たに僕のそばにやってきて、一緒に働いてくれているピカピカの社員やイリエコネクションの社員、そしてお取引先の方々。

特に、経営者として社員の生活や人生を預かる責任は重いものがあります。「人が好き」というだけで、自分勝手に動いていいはずはありません。

そう、頭ではわかっていたつもりでしたが、僕はすでにまたひとつ、大きな間違いを重ねてしまいました。そのせいで、ヒガくんが二〇二二年八月に、ピカピカを去っていきました。思いとどまってくれるよう、何度も話しましたが、ヒガくんの気持ちは変わりませんでした。

理由はひとつではないでしょうが、僕が社員であるヒガくんに対して、後輩芸人に対するのと同じような気持ちで接してしまったことが大きいように思えてなりません。

芸人の先輩後輩関係と、一般の社会人の先輩後輩関係が同じなわけはありません。ましてや、僕とヒガくんは先輩後輩ではなく上司と部下、厳密にいえば雇用者と被雇用者という関係でもあったのです。

そんな当たり前のことに、大事な社員を一人失って、初めて気が付きました。社員に去られることがどんなにつらいかということも。

僕はどうして、痛い目にあってからでないと、大事なことに気が付けないのか。

今も日々、失敗と後悔を繰り返しています。

それでも、「どんな大きな過ちを犯しても、人はやり直せる」と、「そう信じたい」と願っている自分がいます。

それは「過去を帳消しにできる」「なかったことにできる」という意味ではありません。なかったことにするのは不可能です。

「信用」というものがいかに簡単に失われるものか、それを取り戻すのがどれほど大変かということも今回のことで嫌というほど思い知りました。


この本を読んでいただく中で、「入江は優しくされ過ぎだ」「もう許されたと思っているんじゃないか」と思われた方は多いと思います。

僕は決して世間の皆様や、何より迷惑をかけた先輩、同期、後輩に許されたわけではないと思っています。

でも、宮迫さんも蛍原さんも亮さんも淳さんも、この本に出てくる方誰一人として、今の今でも僕を責めたり、恨んだりするような言葉は一度も口にされません。ただただ励まして、笑わせてくれています。

それはその方々の器の大きさ、あたたかさ、優しさがあるからこそ、なせることです。

普通なら考えられません。

今の僕を見て、「入江は何が変わったんだ?」と疑問に思う方も多いと思います。

「入江は変わったなあ」と多くの方に思っていただける日がくるまで、一歩一歩、信用を取り戻す努力を重ねる。

今の僕にできることはそれしかないと考えています。

まだ答えが見つけられていない僕の長い長い述懐に、最後までお付き合いいただき、ありがとうございました。

入江慎也

二〇二三年一月

入江慎也（いりえ・しんや）

1977年、東京都出身。高校の同級生である相方の矢部太郎とともにカラテカを結成し、よしもとクリエイティブ・エージェンシー（現・吉本興業）に所属。バラエティ番組で活躍する一方「日本後輩協会」を立ち上げ、後輩力を生かして多様な人脈を駆使して多方面で活動する。2019年6月、いわゆる「闇営業」問題で吉本興業から契約解除。2020年、清掃業の株式会社ピカピカを立ち上げる。

株式会社ピカピカのHP　https://pikapika.co.jp

信用《しんよう》

発行　二〇二三年一月三十日

著者　入《いり》江《え》慎《しん》也《や》

発行者　佐藤隆信

発行所　株式会社新潮社

〒162-8711　東京都新宿区矢来町71

電話　03-3266-5611（編集部）

03-3266-5111（読者係）

https://www.shinchosha.co.jp

装幀　新潮社装幀室

印刷所　株式会社光邦

製本所　大口製本印刷株式会社

乱丁・落丁本は、ご面倒ですが小社読者係宛お送り下さい。送料小社負担にてお取替えいたします。

価格はカバーに表示してあります。

ISBN978-4-10-334552-7　C0095